≪シリーズ ： ベトナムを知る≫

報道と社会批評

＝ドイモイ前夜・ハノイ大洪水・新幹線導入計画の事例を通して＝

著者　ファン・ヴァン・キエン

翻訳　伊澤　亮介

ビスタ　ピー・エス

Phan Văn Kiền

PHẢN BIỆN XÃ HỘI
CỦA TÁC PHẨM BÁO CHÍ VIỆT NAM QUA MỘT SỐ SỰ KIỆN NỔI BẬT

CHỊU TRÁCH NHIỆM XUẤT BẢN:
Nguyễn Thị Thu Hà

BIÊN TẬP VÀ SỬA BẢN IN:
Lê Đắc Quang - Bùi Thị Nga

TRÌNH BÀY SÁCH:
Đức Anh

TRÌNH BÀY BÌA:
Hồng Minh

NHÀ XUẤT BẢN THÔNG TIN VÀ TRUYỀN THÔNG

Trụ sở chính: 9/90 Nguy Như Kon Tum, Hà Nội
Điện thoại: 04-35772138, 35772139 Fax:04-35579858
Email: nxb.tttt@mic.gov.vn Website: www.nxbthongtintruyenthong.vn
Chi nhánh TP. Hồ Chí Minh: 8A đường D2, quận Bình Thạnh, TP. Hồ Chí Minh
Điện thoại: 08-35127750 Fax: 08-35127751 Email: cnsg.nxbtttt@mic.gov.vn
Chi nhánh Đà Nẵng: 42 Trần Quốc Toản, quận Hải Châu, TP. Đà Nẵng
Điện thoại: 0511-3897467 Fax: 0511-3843395 Email: cndn.nxbtttt@mic.gov.vn

出版責任者 ： グエン・ティ・トゥー・ハー

編修・校正 ： レー・ダック・クアン－ブイ・ティ・ガー

装幀 ： ドゥック・アイン

表紙デザイン ： ホン・ミン

情報通信出版社

本社：ハノイ市グイ・ニュー・コントゥム通り 9/90
　　電話：04-35772138, 35772139　FAX：04-35579858
　　　　Email：nxb.tttt@mic.gov.vn
　　　　Website：www.nxbthongtintruyenthong.vn
ホーチミン支社：ホーチミン市ビンタイン区 D2 通り 8A
　　電話：08-35127750　FAX：08-35127751
　　　　Email: cnsg.nxbtttt@mic.gov.vn
ダナン支社：ダナン市ハイチャウ区チャン・クォック・トアン通り 42
　　電話：0 511-3897467　FAX：0511-3843395
　　　　Email: cndn.nxbtttt@mic.gov.vn

目 次

出版社より --- 9
第1部 社会批評についての問題 ---------------------- 11
  1. 社会批評とは―社会批評のプロセスと性格 -------------- 11
  2. 現代報道における社会批評の特徴 --------------------- 21
    2.1. 専門的な社会的議論の惹起 ----------------------- 21
    2.2. 対話を通じた討論と相互理解の演出 --------------- 22
    2.3.「反行動」 ------------------------------------- 23
  3. 現代ベトナムの報道における社会批評を阻害する要素 ------ 25
    3.1. 感情偏重 ------------------------------------- 25
    3.2.「噂のシステム」 ------------------------------- 27
    3.3. 情報競争の追及、好奇心を煽ること --------------- 31
    3.4. 近視眼的思考 --------------------------------- 34
    3.5. いくつかの解決法 ----------------------------- 36
  4. 社会批評における文化の役割と21世紀のベトナムの報道環境 40
    4.1. 変化の原因としての文化 ----------------------- 40
    4.2.「道先案内人」としての文化 --------------------- 45
  5. 市民社会における報道の社会批評の位置 --------------- 50
    5.1. 市民社会 ------------------------------------- 50
    5.2. 市民社会の質を評価する要素 ------------------- 51
    5.3. 市民社会における各勢力間の唯一の橋渡し役としての社会批評 ------------------------------------- 52
第2部 事例に見るベトナム報道の社会批評 ------------- 55

第1の事例　2005年トゥオイチェー紙上の連載「ドイモイ前夜」 --- 55
1. 連載「ドイモイ前夜」について ------------------------------ 55
　　1.1. 連載の考想 -- 55
　　1.2. 連載中のそれぞれのシリーズについて ---------------- 58
　　　　1.2.1. 取材班のシリーズ --------------------------- 58
　　　　1.2.2. 専門家のシリーズ --------------------------- 65
　　　　1.2.3. 読者の意見のシリーズ ----------------------- 69
2. 連載「ドイモイ前夜」における社会批評性 ------------------ 75
　　2.1 「反行動」性 --------------------------------------- 75
　　2.2 「ドイモイ前夜」の主要部分の目的 ------------------- 79
　　2.3 「ドイモイ前夜」の社会討論における専門性 ---------- 85
3. 連載「ドイモイ前夜」を通してみる社会批評の技術 --------- 88
　　3.1 問題提示の技術 ------------------------------------- 89
　　　　3.1.1 現在の問題を批評するために過去の問題を使う ---- 89
　　　　3.1.2 社会批評の一部としての個人批評 --------------- 90
　　　　3.1.3 社会批評に総合的な力を与えたシリーズ化 ------- 91
　　3.2 報道内容のスタイル、言語、構造にみる社会批評の技術 - 93
　　　　3.2.1 スタイル ------------------------------------- 94
　　　　3.2.2 言語 --- 95
　　　　　　3.2.2.1 文字の系統 ---------------------------- 95
　　　　　　3.2.2.2 非文字の系統 -------------------------- 100
　　　　　　3.2.2.3 記事の構成 ---------------------------- 101

第2の事例　ハノイの水害と高速鉄道導入計画に関する二つのニュースサイト、VNEXPRESS.NET 及び ENPHONG.NET の記事 - 103

1. ハノイの記録的水害と新幹線導入計画についての社会批評の前提
   としての情報伝達 ———————————————————— 104
   1.1 報道を過熱させたハノイの記録的水害 ————————— 104
   1.2 国会と世論で「熱い話題」となった新幹線導入計画 ———— 107
2. ハノイの歴史的水害と新幹線計画についての二つの連載における
   情報伝達プロセスの深化としての社会批評 ————————— 116
   2.1 ハノイの歴史的大雨：ニュースの掲載から批評へ ———— 116
   2.2 新幹線導入計画：「反行動」と「討論を通しての相互理解」 125
       2.2.1 専門家たちの分析 ———————————————— 127
       2.2.2 読者の意見 ——————————————————— 131
3. ハノイの歴史的水害と新幹線計画についてのTienphong.vn並び
   にVnexpress.netの社会批評技術 ——————————————— 139
   3.1 ネット上で写真表現を使う技術 —————————————— 139
   3.2 新幹線導入計画について編集部以外の発信元によって行われ
       たニュースサイトという方法を使う技術 ———————————— 146
   3.3 インターネット報道という形を通した社会批評の技術 ——— 149
       3.3.1 すばやい情報更新 ——————————————— 149
       3.3.2 マルチメディアの活用 —————————————— 152
       3.3.3 双方向性の利用 ———————————————— 157
   3.4 二つの記事の社会批評における「合理的行動」理論と「対象へ
       の情報伝達」理論の「ベトナム化」の技術 159

参考文献 ———————————————————————————— 162

出版社より

　ここ数年、社会全体の発展に伴い、報道の分野もまた日に日に目覚ましい発展をしてきた。瞬時に、多角的にいつでも情報が更新されるネット上の報道で、それは顕著である。社会批評は、多くの機関にとって重要な任務である。報道機関がそれぞれの記事を通し、政府の政治－経済的な発展の方針や政策ならびに計画をチェックし、それに意見し批評することは特に重要なことである。この働きによって、政治の民主性は少なからず維持され、発揮される。そしてこれはまた、昨今、国内外のあらゆる階層の市民たちが、以前にも増して深い関心を寄せていることでもある。

　報道の果たす社会批評は、社会的な了解をつくり、多角的な視点を与え、最適な解決法に導く。よい報道とは、内容が深いというだけでなく、情報を掴みそれを表現する速度が速い報道である。このことは、日々激しくなっている「情報戦争」において、報道機関と記者にとっての決して簡単ではないチャレンジである。

　報道を通じた社会批評の役割と重要性についてより深く読者に理解してもらうこと、そして、編集者や記者に社会的事件についての分析力と判断力を高めてもらうことを目的として、ベトナム革命報道の日（6月21日。1925年6月21日のホーチミンによるタイン・ニエン（青年）紙発刊を記念して定められた。1985年にこの日をベトナム報道の日としたが、2000年にベトナム革命報道の日と改められた：訳者注）87周年にあたり、情報通信出版社は、人文社会科学大学情報・通信学科講師のファン・ヴァン・キエン

博士の『ベトナムプレスの社会批評』を出版する。
　本書は次の2部で構成されている。
　第1部：ベトナム報道の社会批評についての問題
　第2部：事例を通してみるベトナム報道の社会批評の問題
　「ドイモイ前夜」、「南北高速鉄道計画」、「2008年、ハノイの記録的大雨」についての一連の報道を通して、筆者は、問題を把握する技術、報道の形態、言語そして構成の面から見た批評技術、絶え間ない情報を掴み更新していく技能、多チャンネルで伝達しながら、一方でダイレクトな伝達形式の、あるいは「特定の対象への情報伝達」の方法を効果的に運用する能力等について深く分析している。これらの技術、能力によって社会批評の役割が効果的に発揮され、普遍的な問題が整理され、社会全体の一般的理解が生まれるのである。本書によって記者や編集者並びに報道を専門とする学生諸氏が貴重な生きた教材を見つけ、自分自身のこれから書くであろう記事を通じて発揮される社会批評の能力を高めるようにしてもらいたい。
　情報通信出版社は謹んで読者諸氏に本書を紹介するとともに、読者からの意見をいただき、本書の再販の際にはより良いものになることを希望している。ご意見は全て情報通信出版社までお寄せいただきたい。

第1部 社会批評についての問題

1. 社会批評とは－社会批評のプロセスと性格

　すでに多くの人が諸分野における社会批評と報道の社会批評について定義してきた[1]。そこで、ここでは「市民社会における社会批評プロセスの基本要素としての社会批評」という新しいアプローチで考えてみたいと思う。

　市民社会の構造の中に社会批評を位置づけるときにのみ、報道はその第一の有効な手段となり得る。

　この考え方からすると、形式の面では、社会批評とは市民の幅広い議論の場をつくり出すということにおいて、報道革命の理論に立ち返る部分があり、社会構造の中の三つの枠組み、すなわち国家‐企業‐家庭(公民)の間の架け橋(ほぼ唯一の)である。

　報道機関というものは、社会批評との関係で言えば、人民の権利を守る「専門的言論」機関である。従って、報道における社会批評について論ずることは、「専門的言論」の方法によって社会の相談役となり、社会を監

---

[1] 社会批評の概念については多くの人が度々言及している。例えば、チャン・ダン・トゥアンは、『社会批評‐生活から生まれる問い』(2006年、ダナン出版社)の中でそれを扱っている。また、グエン・チャン・バットは、2007年の『ジャーナル・オブ・イシュー＆ソリューションズ』に掲載された「社会批評」という文章の中で言及しており、グエン・ディン・ホエは、『自然、環境保護についての社会批評』(2009年、科学技術出版社)の中でそれに触れている。

視し、管理することにおける報道の役割について論ずることである。

　グエン・チャン・バット氏は、「社会批評は討論の中でも専門レベルのものであるため、二つのグループの参加が必要である。一つ目は専門的に述べるグループであり、二つ目は専門的に考えるグループである。述べる前に考える必要がある。専門的に考えるのは知識人であり、専門的に述べるのは報道人である。社会批評とは、社会的グループ同士の間の、あるいはそれと権力者との間の論争であり、それは政策あるいは指導的性格を伴う行動に政治的正確さをもたせるためのものである。そのため、この二つのグループの参加がなければ、それは単なる社会の反応であって、社会批評ではない。」と述べている[2]。

　社会批評とは、現代報道機関の、人々の正当な権利を守る手段である。この社会批評によって、政治や権力者階級に影響を与え、またその逆のこともいえるが、すべては社会をよい方向に変革することを目的とする。言い換えると、報道の社会批評の役割はより高次な民主社会を創造することである。それは人々が自らの生活と国の行く末に関わる問題について指導者と率直に対話し、意見できる社会である。

　しかし、ここで注意しなければならないのは、社会批評を通じての報道機関による民主化に対する貢献の仕方である。報道の社会批評と人々の意見を聞くということを混同している者が少なからずいる。報道の行なう社会批評とは、市民の願いを守ることである。しかし、それは別の角度から考えると、意味のない議論になりやすい。なぜなら、市民の望むものが常に正しいとは限らないからである。一方、社会批評の本質は、高い理性の

---

[2] グエン・チャン・バット『未来との対話』、2010 年、作家協会出版社、571-572 頁。

上に実現するものである。

　同じくグエン・チャン・バット氏によると、市民の意見を聞くのは、専門的でない民意の汲み取り方である。「批評は科学的な活動であり、科学的な方法による討論であって、単にあなたは私の意見に賛成ですか、と聞いてみることではない。政治の本質において、批評というものは言論の基本的自由権の上に立てられた自由権である。仮に批評の権利、すなわち、民意を汲み取る言論の自由権が確立されないならば、そこには二つの可能性しかない。それは、首を縦に振るか横に振るかだ。しかし、そのどちらも沈黙の中で行われるのである。沈黙は言論ではない。言論とは、整然と、科学的な基礎の上に意見を表明することである。それは、市民社会で行われる活動であるとはいえ、一般の人々の活動ではなく、専門的な言論の形式を通じて行われる活動である。民意を聞くことが単に人々の同意を得ることだとすれば、社会批評とは科学的に人々の同意を得ることだといえる。これが社会批評と単なる民意を聞くことの間の質的な違いである」[3]。

　政府が2007年6月29日に公布した政令第32/2007/NQ-CP号の精神に従って、2007年の暮れ、ハノイ市党委員会は都市部における交通の安全確保の強化に関して、2007年8月16日付け指示第18-CT/TV号を、ハノイ市人民委員会が計画第62号をそれぞれ出した。それらの文書によると、2008年1月1日から都市部において自作の3輪及び4輪車の通行を禁ずるとされていた。しかし、社会的な面から一つの問題がもちあがった。それは、直ちにこれらの車の通行を禁止すると、それに収入源を頼っている家

---

[3] グエン・チャン・バット『未来との対話』、2010年、作家協会出版社、5675頁。

族が少なからずいる中で、運転手（主に傷病兵の人たち）は、自らと家族をどう養っていけばよいのか、という事であった。報道機関は直ちに立ち上がり、当事者の意見や住民の意見の分析、インタビューや引用の記事などを掲載した。そして、その禁止令は結局取り下げられ、運転手が転職するための時間をとれるようにした。

　3輪オートバイ（バイクの後部に2輪の荷台をつけたもの：訳者注）の禁止令が取り下げられたのには確かに報道の貢献があった。しかし、ここで決定的であった要素は、報道機関が「住民の意見を聞いた」という事ではない。ここで問題となるのは、物事の本質における道理が提示され、決定を下す側がそれを妥当であり、理に適っていると感じたということなのである。「住民の意見を聞いた」ということは、社会批評の別の面に影響を与えている。それはつまり妥当性という面である。別の言い方をすると、それは報道の行う社会批評の社会的特性ということになる。この問題については後の章で議論することにする。

　報道は（主に）政治機構一般に対し、科学的で理に適った道理を使って影響を与えることにより社会批評を行う。しかし、報道の社会批評においては、政治だけでなく生活におけるいかなる問題もその対象となり得る。従って、批評において、報道は正義と公正を守る役割がある。社会が提示する問題に対し、報道は正しく認識し、その解決へ向けて適切な方向へ進まなければならない。報道の社会批評が扱う問題において、最もよく登場する二つの勢力は市民と権力階級である。ある提示された問題（それは権力階級が出す社会政策であるかもしれないし、人民大衆の生活に密接に関わりのあることであるかもしれない）において、報道が社会批評

を行い、正しい認識と解決法に導かなければならない。これも正に報道理論の中で言及される報道の社会的監視の役割の一つであるといえよう[4]。

このように、よい社会批評をするために、報道は問題を正しく認識するだけでなく、正しい解決法も持たなければならない。まずい批評は予期せぬ悪い結果に繋がることがある。2007年のザボンの実に関する話が好例だろう。ある外国の報道機関の不正確な記事を、ベトナムの2, 3の新聞が翻訳し、発表した。新聞紙上の、ザボンを食べると癌になる危険性があるという記事によって、何万というザボンを育てていた人々が困難に陥った。このような一つの誤った報道の批評によって、何百もの家族が破産の危険に直面しなくてはならなくなったのである。

現代の報道における社会批評の性質は、我々の意見では、革命報道理論における戦闘的性質を発展させたものである。革命報道理論は、戦闘性を重要な要素であるとし、批判と自己批判という形で、社会システムの中における報道の役割と地位を認めた。「批判と自己批判の作業は、まさに報道の戦闘性を実現する重要な部分である。批判と自己批判をきちんと行う新聞は、高い戦闘性をもった新聞である。戦闘性とは真理を輝かせ、真理でないものを退けるということであり、新しいものを生み育て、古いものを衰退させることであり、進歩的なものを発展させ、時代遅れのものを排除することである」[5]。

社会批評の性質は、結局現代の報道の戦闘性でもある。報道における社会批評は正しいことを守り、輝かせ、間違ったことを退けるのである。

---

[4] ズオン・スアン・ソン、ディン・ヴァン・フオン、チャン・クアン『報道通信理論の基礎』、2005年、ハノイ国家大学出版社、83～90頁参照。
[5] 中央宣伝訓練学校「教案、報道の使命」第1集、1978年、266頁。

報道は以前から今に至るまで未だに権力階級の政治の道具であるとみなされている。従って、報道における社会批評は、権力階級が提示する問題（権力階級が公布する方針、政策や政令など）を批評することであると誤解されやすい。そのような理解は報道における社会批評の一面を理解しているに過ぎない。報道は、権力階級が出す方針、政策、政令や決定を批評するだけでなく、社会生活一般の中で起こってくる問題を批評する役割も担っているのである。この批評を通して報道は、市民を時代に即した認識へと導き、また権力階級が適切な政策を出せるように導く。

　トゥオイチェー紙の副編集長である記者のフイン・ソン・フックは、雑誌ゲーバオに載った2002年のトゥオイチェーの一連の記事について語った。それは、「2002年の暮れのある日、フォンさんは料金詐欺旅客バス（xe cướp：乗車前に提示された料金よりも多くを請求する悪質な旅客バス：訳者注）の乗員に殴られて怪我を負い、ビントゥアン省の病院へ搬送されたが、救命処置を受ける前に息を引き取った。痛ましい死を目の当たりにしたその夜の当直医は、トゥオイチェーに電話を入れた。医者の絶望を感じさせるような緊迫感を伴った悲しい記事は翌朝の会議にかけられ、それは読者からの命令のように、記者たちを立ち上がらせた。すぐに国道1A号線沿いの各省にいたトゥオイチェーの記者と協力者が続々とドンナイ省、ビントゥアン省からハティン省、ゲアン省の間を行き来するバスに乗り込んだ」[6]というものだった。

　関係機関が手遅れになる前にすぐに着手し、政府首相がこの害悪をす

---

[6] フイン・ソン・フック「私は「読者」を毎日読む」、トゥオイチェー2005年4月22日版

ぐに取り除くよう直接指導した。トゥオイチェーの「料金詐欺旅客バス、監獄飲食店（com tù：料金に見合わない料理を出したり、無理に注文させたりするハイウェー沿いの飲食店。しばしば料金詐欺旅客バスと結託していた：訳者注）」の記事は、当時の人々の悩みの種となっていた難題を抑え込むのに多大な貢献をした。

　社会批評という作業の中で考えるとき、報道が自らの批評の役割をきちんと果たすためにはまず、問題のそれぞれの局面で批評をしなければならない。そのような個別的な批評こそが、社会批評をつくり出す条件であり、基礎である。ある問題について批評しようとすれば、あらゆる方面から、また異なる角度でそれを検証しなければならない。社会批評の社会的特性（それが社会批評と科学分野での批評とを分けている）という面においては、報道は、社会批評の役割を果たそうとするなら、まずその社会問題のあらゆる面における検討、批評をしなければならない。個別的な批評も本質的には社会批評であるが、それは具体的な個人のレベルにおいてなされるものである。

　報道機関は、ある問題が批評を必要としていることを証明したいのであれば、まず具体的な問題を批評するところから始めなければならない。それはつまり、記者は問題を分解して、それをそれぞれの細かい局面において批評しなければならない。2008年初め、ティエンフォン、トゥオイチェー各紙上に、いくつかの地方において生徒の学業放棄が広がっていることについてのニュースが続けて掲載された。その後、教育訓練省は、「若干の新聞が指摘したような学業放棄の蔓延は、事実ではないと確認された」と発表したのだ！

ただちに、もちろんティエンフォン紙も含め、多くの新聞の記者が各社（「社」は地方行政単位：訳者注）、村、県レベル（ベトナムの「県」は日本の行政単位でいうと町や区くらいの規模。日本の県にあたるのは「省」である。：訳者注）の機関にまで取材に入っていった。グアンガイ、カインホアとメコンデルタなどの各地方における生徒たちの警鐘を鳴らすべき学業放棄の現状を述べた記事がその後、ティエンフォン紙上に続々と掲載された。

「始業式前から学業を放棄した生徒まですべて加えて計算すると、カインホア省の学業放棄した生徒数は、学年の初めから1学期の終わりまでで14,000人を超えた。しかし、教育訓練省の発表した統計ではたった1,034人のカインホアの生徒が学業放棄したことになっている」[7]。

結局、ティエンフォン紙上の具体的で正確な検証によって、教育訓練省は、学業放棄の生徒数の統計には「問題がある」と認めざるを得なかった。

報道の社会批評は、概ねよいものだといえるが、現在のベトナムの報道の社会批評は誤った方向へ向かう危険性がある。つまり批評というものの最終的な目的が誤った認識によって歪められ、あるいは別の目的によって脅かされている。ドー・ミン・トゥアンは、「こういった形の社会批評は科学性を欠き、社会を刺激することに偏り、深謀遠慮を欠き、感情に訴えるばかりで、さらに、書き手の程度の低さと巧妙に隠された、利己的で、党利的な態度を露呈していることも多い」[8]と述べている。

---

[7] ティエンフォン 2008年4月7日版
[8] ドー・ミン・トゥアン「報道の社会批評」、vietnamnet.vn、2008年5月20日

ドー・ミン・トゥアンはまた、報道の社会批評における歪み現象を指して「本質と方向性を誤った批評」、「おもねる批評と匿名の批評」のように呼んでいる。以上のような現象はすべて報道の社会批評の原則と概念をはき違えている。そのため、そのような現象が社会批評をする上でなされ、現れてくるならば、社会批評の結果も歪められたものになるだろう。

　このような分析を通して、報道の社会批評の次のような性質を導き出すことができよう。

　－理性：これは、あらゆる報道出版物における批評がもつ特性の基礎を成す性質である。批評する際は、当該の問題がそこで扱われることの正しく説得力のある合理性を示さなければならない。そうして初めて報道の社会批評は本来持つ影響力を発揮し切ることができる。これはまた高い社会批評性を持つ記事における最も強い特性でもある。同時にそれはまた現代報道の「戦闘性」を最も強く支配している特性でもある。合理性は知識と正しい理解に結びついているはずである。そのため、批評するとき、その問題はそれについての高い専門性を有する人々の声によって保障されなければならない。これが、報道の社会批評において、記者が通常、批評する問題に関連する分野の専門家や研究者を探して意見を聞き、参考にする理由である。

　－社会性：この特性は、社会批評を単なる科学的な批評から分けている特性である。もし科学的批評というものが単純に理性と知識と論理を使って研究の成果を吟味し評価するものだとすると、社会批評一般、そして報道の社会批評は社会性というものをもたなくてはならない。つまり、社会批評という作業は社会と人間の環境と状態、特性の中でなされなければ

ならない。社会生活から離れては社会批評一般、そしてより狭くは報道の社会批評はただ硬直した無味乾燥となり、社会生活にある人文主義的、人道的な本質を失ってしまうのである。

　－総合性、多角的視点：社会批評がなされるとき、批評するものは、問題をあらゆる角度から、あらゆる面から検討し、批評の総合性、客観性を保証する必要がある。総合性と多角的視点を欠くと、社会批評は容易に歪められ、片手落ちとなり、不公平になる。

2. 現代報道における社会批評の特徴

2.1. 専門的な社会的議論の惹起

　市民の声を代表するものとして、また市民の議論の場として、報道は正確で、それでいて巧みにそして最も適切に社会の現状について述べなければならない。誤りの範疇に属する問題については、報道はそこに光を当て、「切り開いて」、関係機関がそれを処置し、改善できるようにしなければならない。しかし、その「切り開く」ことにおいて、報道は、巧みに、専門的に述べ、読者が自ら理解できるようにしなければならない。

　報道の仕事というものは、述べて人々に理解させ、人々が述べることを理解する仕事である。それは、その仕事の存在と発展が人間の生活に結び付けられているからである。従って、報道一般には最も適切で分かりやすく「述べる」ことが求められる。適切に分かりやすく述べることは、正に報道において「専門的に述べる」ということに他ならない。報道の情報は実際の情報であり、それが起こった現場があり、報道の中の人物もまた実在の人物である、という意味において、報道は文学とは違う。そのため、記者の筆は報道の中の人物の運命を決めてしまうだけでなく、実世界の人間の運命をも決めてしまう。ある人間、ある現象について記者が誤って認識してしまうとき、それは記事において不明確な、あるいはミスリーディングな物言いに繋がることになる。そして、直ちに彼らの記事はある人間の、ある集団の運命に影響を与える可能性もある。従って、「専門的に述べ」ようとするならば、叙述する際に十分な資質と知識をもって問題を正しく認識しなければならない。記者のヒエウ・トーは、「記者をするには、目が

明るく、心は平静で、筆は鋭くなければならない。それで初めて勤まる仕事である」と考えている。

2.2. 対話を通じた討論と相互理解の演出
　党・政府と市民の間の、そして市民同士の間の架け橋としての役割において、報道はその二つの間の全ての面についての衝突と軋轢(あつれき)を解決しなければならない。そして、その最良の解決法は社会批評である。社会批評は、現実の利害の衝突を、対話を通じて討論と理解という衝突へと変える。社会批評は市民と権力者階級を近づかせ、お互いをより理解させる。
　2008年ハノイ市の拡張法案が政府の承認を経て国会に上程されるのを待っていた。しかし、首都の拡張とハタイ地方の合併に関して解決すべき問題は、一筋縄でいくものではなかった。世論は沸騰した。反対もあれば、理解を示すものも、危惧する声もあった。もしその問題をうまく解決する組織がなかったなら、徐々に党・政府の政策と市民の間の軋轢ができ、さらにそれが大きくなっていきそうだった。そして、このとき報道の批評の役割がいつにもまして重要になったのである。市民の意見はほとんど全ての新聞に掲載され、専門家、国の指導者たち、旧元首の意見も掲載されて、首都の面積拡大問題について、広く、大きな討論の場がつくり出された。この問題において、報道は生活の中で起こる問題における対象間の討論と理解への架け橋となるという役割を明確に示した。
　別の言いかたをすると、対話を通した討論と理解という意味において、報道は全ての意見を吸収して消化する議論の場となり、「円卓」をつくり出

して、現実の利害の衝突を批評という精神上の対話へと変えたのである。報道とは、社会批評を通じて利害関係者の無用な衝突を避ける「調整役」である。

2.3.「反行動」[9]

「監視、監督は報道による管理において重要な部分である。我が党は報道を職員、党員と社会全体を監督する手段と考えている。これは、報道の崇高ではあるが重い任務である。」

社会を監督する手段であるがゆえに、報道には常にそれが表している二面性が存在する。プラスの面とマイナスの面である。「反行動」とは正しくなく、ふさわしくない行動に抵抗するために闘うことである。しかし、報道の社会批評の過程には、行動に差し挟むステップがある。それは討論と理解というステップである。従って、ここで言う「反行動」とは、動詞(「行動に反対する」：訳者)という意味ではなく名詞(「反対する行動」：訳者)と理解すべきである。

討論と理解という手段を使って、正しくない、ふさわしくない行動に抵抗することは正に報道の「反行動」の方法である。これは、また現代報道の社会批評の性格の面においてはっきりと表れている。「反行動」性は批評される全ての行動と並行して、またそれと対立して現れるものである。

しかし、「反行動」の意味の内容は、マイナスで不適切な行動に対抗する闘いというだけに留まらない。いかなる面においても、報道の社会批評の「反行動」性はプラスで適切な行動に対しても発揮される。この場合、

---

[9] グエン・チャン・バットの用語。

「反行動」は当該の行動の適正な価値を見つけるために分析する、という性質をもつことになる。

　我々の考えでは、「社会批評は人間の生活に直接影響のある問題に対する批評である。その究極的な意味は通常広い範囲の、多くの個人に関係する問題に影響を与えることである。社会批評の直接の対象はある一つの問題であり、ある一つの具体的な現象であるかもしれないが、その問題なり現象なりに対する社会批評の最終的な目的は、通常は社会の程度によって広がりを持つものである。社会批評は、ある問題、ある現象に対する社会の意見の多様性に依拠してなされ、発展するものである。社会批評の最終目的はハイレベルな民主社会を実現することである。

　社会批評は概ねプラスの価値を有するもので、目下ベトナムの新聞はそれを受け入れ、日に日に活用されるようになってきている。ベトナムの報道機関は、社会批評を通じてその影響力の範囲を少しずつ広げている。しかし、ベトナムの社会と市民及び国の発展の仕方の独自性によって、社会批評も特別な性質と困難を抱えている。

3. 現代ベトナムの報道における社会批評を阻害する要素

3.1. 感情偏重

　この特性はベトナム人一般の文化的基盤に由来する。それは農民根性を伴った農耕文化の特徴、すなわち、感性に偏って生き、理性によって考えることが少ない(「九も十」(鷹揚で何事にもこだわらない態度：訳者注)、「一束の理より一片の情」)という特徴である。しかし、社会批評は理性、すなわち正誤の観点に従った分析によって、真理を見つけ出すものである。更に、報道の社会批評は大衆一般の正当な利益を守るためになされるものである。

　この文化的特徴は、意図せずして我が国の報道の社会批評にとっての重荷となっている。それは、国の報道の中に簡単には解決できない矛盾を生む。なにしろ、報道に携わるその人もまた感性に偏って生き、理性によって考えることの少ないベトナム文化の根をもったベトナム人なのである。

　この矛盾は少なからず不都合を生み出し、国内の報道の社会批評を阻害する。特に現代ベトナム社会が西欧型の社会構造へ発展しているこの時に、このベトナム人の特性は社会批評一般を、また特に報道の社会批評をますます阻害するものとなっている。

　社会批評の理論面から考えると、この文化的特徴は「文化的誤謬」となっている。社会批評の文化は理性の文化であり、論理的な分析の文化である。それらを使って真理を探し出すのである。

　もちろん、「感情への偏重」が批評の過程に介入しない、あるいは批評

の過程に影響を与えない時は、多くの場合、それが報道の社会批評に影響を与えることはない。しかし、その特徴はベトナム人の生活のあらゆる面にきわめて容易に入り込んでくるのであり、当然社会批評も例外ではない。そして、それが社会批評に影響を及ぼす時、正しい結果をもたらすために社会批評が担保しなければならない客観性をもつというルールと義務を破壊することになる。その時、社会批評は「粉々になる」危険がある。

　このように分析すると、この感情への偏重という要素は、常に真理にアプローチする社会批評の道行を阻害するものではないように思われるかもしれない。しかし、それが社会批評に影響することを許せば、社会批評は歪んでしまう。あるいは、もはや社会批評ではなくなってしまう危険がある。一方で、その特徴はベトナム人の性格及び生活における色濃い特徴であり、「骨の髄まで達している」ものである。

　文化人類学から光を当てれば、ベトナム人の文化の特徴は、とても多様で興味深いものであり、我々が維持発展させるべき高い質をもった特徴を有している。しかし、ベトナム風の生き方、ベトナム風の性格には常に変わらない文化的条件、つまり、農民－農業－農村という条件によって農民根性が深く刻み込まれている。このような生き方は、国が発展し国際社会に参加していく時、ふさわしくない点が多くある。

　ベトナムはWTOに加盟した。それは、「国際的なゲーム」に参加するということである。全ての行為、全ての活動が法に則って行われるのである。その「共通のゲーム」において、ベトナム人は経済発展の程度、認識の程度、そして経済的役割においてだけでなく、行動の様式においても世界と歩調を合わせていかなければならない。そのために、我々は自分

自身を変えていくことを求められている。プラスの要素を維持、活用しつつ、マイナスの要素を少しずつ捨てて、新しい生き方、新しい社会に適応していかなければならない。それが、我々の生き方に対する喫緊(きっきん)の要求である。

　それはまた報道に対して課された急を要する仕事でもある。報道が社会批評を行おうとするならば、社会に高い認識と理性をもった受け手をつくらなければならない。そして、報道自身も自らの役割として、積極的に自らの読者、視聴者の認識と理性を高めるために貢献する一要素とならなければならない。このように、これは二つで一つの作業である。つまり、報道は自らの社会批評の質を高めると同時に、受け手の認識と理性を高め、それによって彼らの社会批評の能力を高める道具でなくてはならない。

　このように、社会批評を習慣とし、現代ベトナム人の生活における新しい文化とすることもまた現代ベトナム報道界の任務である。

3.2.「噂のシステム」

　上述のような農民根性をもった伝統的なベトナム人は、密に閉じられた社会に暮らしており、その使い慣れた通信手段は「噂のシステム」であった。

　グエン・ティ・ミン・タイに、とても面白く正確な例えがある。曰く、「ベトナムで初めての報道記者はまさに古い舞台に出てくるドップおばさんである。彼女はお馴染みの宣伝道具である木魚を手に、村々を歩き回りながら里長のお触れを伝えて回った」。

口伝えという方法は、ベトナムの封建社会のほぼ全期間を通じて、そして今に至るまで長い間もっとも馴染み深い伝達の方法だった。この方法は農村の、そして農耕民の生活の特徴を有している。口承から文書へ、無文字から文字へというのが、ベトナム文学が発展してきた方向である。

　しかし、口伝えされていく過程においては、正確さと原形をとどめているかどうかということは保障されない。「三抄失本（三度筆写すれば原文が分からなくなる）」とはカーザオ（ca dao：歌謠）民謠、諺、神話などの口承文学にはよく見られる特徴である。話は伝えられる度に伝える者の記憶力、美意識、興味、理解力などに影響される。また同時に、口伝えされる度に話は簡略化され、あるいは大げさにされ、伝える側の都合に合うよう、また聞くものを納得させることができるように改変されるのは当然の成り行きである。従って、伝えられる度に話がゆがめられることは避けがたい。

　このような伝達方法は何百年もの時を経て、ベトナム人の生活に深く根付いた習慣となった。当然、中央集権的モデルの社会管理（皇帝と官僚が物事の決定に関する最高の権力をもち、国民は臣下であって、反抗することもできなければ、「反論」もできなかった）を行っていた封建社会においては、情報は人々の生活にも権利にも大した影響を及ぼさなかった。より正確に言えば、そのような社会では、受け手は誤った情報に対して反応する、あるいは反抗する機会も仕組みもなかったのである。

　しかし、現代社会においては、この伝達方法が情報と社会批評にとって切実な問題を引き起こしている。

　2008年に少なくとも2回、多くの人々がガソリンスタンドに殺到し、バイクのガソリンタンクいっぱいに給油する、ということがあった。備蓄用にポリタ

ンクやガソリンタンクを持参する人も少なくなかったが、それは、翌日からガソリンが値上がりするとう情報が出回ったためである。この情報が出たことにより、我先にとガソリンを入れようとする人々が殺到したという混乱した情景が、多くのガソリンスタンドで見られたのである。しかし、実際は財務省はガソリンの値を上げる決定など全くしていなかった。広まった情報は多くの人々をパニックにし、混乱を巻き起こした。それはただ単なる人々の間に伝わった噂に過ぎなかったというのに・・・。

　明らかに、噂のシステムは現代社会における情報の受け手の生活にも確かに大きな影響を与えている。ガソリン値上がりの話は単なる一つの例であり、問題の小さな表出に過ぎない。実際は、生活に多大な影響を与える噂というものがあり、それは、ある製品の市場をめちゃくちゃにしてしまうほどの「破壊」力をもつ。

　そう遠くない以前の話だが、2008年4月に、ベトナムの米穀市場が噂のために混乱をきたしたことがあった。米のバイヤーが資金を集中して投機的に買い占めて備蓄した。それは、米価が上昇するという噂があったからである。このことにより、全国の米穀市場が「沸騰」した。米価が急激に上がり、何百万もの人々の生活に決して小さくない影響を与えた。米はいかなるベトナム人にとっても欠かせない品物だからである。

　2007年7月、豚肉の値段が急落し、また同時に、それに続く形で魚や鶏肉などの他の食品の値段が急騰した。それらは全てダナンのカムレ区からの噂によるもので、豚肉や血の煮凝(にこご)りを食べた住民が死亡したというものだった。噂はたちまちダナン市の他の区にも広がり、やがて全国にまで伝わって、少なくない数の精肉場を破産に追いやった。

社会批評の性質を色濃く帯びている現代報道機関にとっては、このことは情報の発信一般についても、また特に社会批評について言っても、大きな障害である。当然、先に述べた「感情偏重」と同様に、「噂のシステム」が、いかなる時も報道の社会批評に影響を及ぼすというわけではない。しかし、一旦それが報道機関の情報に影響することになれば、その悪影響は全く計り知れない。更に、「噂のシステム」は潜在的な危険であり、もし報道する者が認識力および情報収集において十分な能力を備えていない場合、常に影響を及ぼす可能性があるのである。

　報道機関の情報は、噂に影響を受けるというだけでなく、正にその情報自体が噂を生む元になってしまう場合も少なくない。それは、報道機関が情報を発信するとき、伝達の過程における情報発信の問題の解決が徹底されてない場合に起こるのである。もし、社会一般の認識から生まれた噂が社会批評の妨げになるのであれば、報道機関の不十分な、あるいは誤った情報から生まれた噂というものは、視聴者の生活に対して何倍もの「破壊的な」力を持つ。なぜなら、その場合、噂は、口伝えよりも何倍も、広がる力が増し、信頼性や合理性の根拠をもつことになるからである。

　先に述べた投機と買い占めによる米価高騰の現象は、報道機関の検証の不十分な記事の発信に遠因があった。それは、各紙の世界米価恐慌の記事から始まった。各紙は世界の米価が上がっているという情報とともに、ベトナム市場における米価は依然安定しているという現状については伝えなかった。そのことによって、噂が生まれて一気に広まり、上記のような事態を招くこととなったのである。

　2007年初め、バオヴェファップルアット紙が「トーリック川の聖遺物」とい

うタイトルの連載記事[10]を載せたことによって、国中が騒然となった。何十もの新聞スタンドで売り切れとなり、コピーして売らなければならないほどだった。「トーリック川の聖遺物の記事売っています」と大きく掲示する新聞・雑誌店も少なくなかった。世論は大騒ぎとなった。残念なことは、この誤った記事は記者個人ではなく、新聞社という集団の誤った認識から生まれたものであったことである。

　この問題から、記者と報道機関一般には、情報の発信において能力と慎重さが求められるということが分かる。さもなくば、社会批評はその意図に反して、「噂のシステム」の犠牲者となるばかりか、発信する能力のない場合は、噂の発生源にすらなり得る。その時の悪影響はさらに深刻となる。

3.3. 情報競争の追及、好奇心を煽ること

　グローバル化と極端な情報過多の時代にあって、ベトナムの報道機関は、一方では自らの社会批評性を高めるように努めながら、また一方では記事に載せる情報の速度、質、注目度などの面で競争することにより自らの地位と能力を証明しなければならない。

　そのために、各新聞社は記者の能力を不断に改善、向上させ、読者か

---

[10] 2007年3月31日から4月14日にかけて掲載された記事において、2001年にハノイのトーリック川で発見された古い遺物と、測量隊の身内に起こった不幸について報じられた。多くの人が二つの出来事の間に関係があると信じることになったが、同年5月9日に文化通信省は、法律守護新聞の総編集者を、「事実と異なる情報によって社会生活に深刻な影響を及ぼしたこと、新聞を提出しなかったこと」の罪で罰する決定を出した。(ウィキペディア「トーリック川の聖遺物」https://vi.wikipedia.org/wiki/Th%C3%A1nh_v%E1%BA%ADt_%E1%BB%9F_s%C3%B4ng_T%C3%B4_L%E1%BB%8Bch)

らの協力をより重視し、共同取材者の養成にもより力を入れてきた。記事の作成過程、書き方、組織の構造等の全てにおける改革にまで踏み切る編集部も少なくない。

しかし、情報の速度と注目度を競うあまり、少なくない数の新聞で、好奇心を煽る記事が掲載される傾向が日に日に強まっていることがどうしても目につく。

このような傾向は更に強まっていく危険がある。日増しに多くの電子版が生まれ、インターネットの発展の速度とそれを使い電子版を読む人の数が日に日に増加してきてからは、特にそうである。

インターネットの急速な発展に伴い、情報競争が原因で電子版のニュースの質は日増しに落ちている。他社を出し抜き、より多くの読者を獲得するために、読者の目を引きつけるような盗用記事を実際に出した新聞社も少なくない。

この情報競争と好奇心を煽る傾向は、報道機関の社会批評の質に直接影響を及ぼしている。具体的には次のような点においてである。

第一の点。情報競争によって、記者は短いニュースによって事件のあらましを伝えるだけで、当該事件の内容について具体的に論じる時間がなくなる。そして、そのことは、記事が浅薄でどれも似通ったものになり、新聞に個性や風格が失われていくという悪い結果に繋がる。更に、文章の量がごく少なく、また競争についていくため記事を作成する時間も短いので、その事件の情報を伝えきれない可能性が大いにある。そして、共通のニュースソースを用い、元の情報を自分自身の情報に変えるための時間に投資しないため、異なる記者が書いた異なる新聞社の記事がどれも

同じになることさえ起こる。

　社会批評の本質は、多くの民衆の支持を得て、その権利を守る、ということにある。記事が浅薄になり、どれも似通ったものになるということは、大勢が社会批評に貢献することからくる強みを著しく減じることになる。最近は一紙読めば他の各紙が何を報じているか分かると断じてしまう読者もいることだろう。

　第二の点。情報競争の性急さ、拙速さにより、情報が本質を正しく伝えていないという危険は避けられない。単純な事件であれば、記者は偶然目撃した、あるいは話を聞くだけで本質を正しく理解するのに十分であり、一つの記事だけで伝え切れることもある。しかし、その本質を理解するためには、記者が注意深く調べ、細かく精査し、当事者を取材することが求められる複雑な事件も多い。しかし、情報競争のために、記者はそれをする時間がない。そのため、問題の本質を誤解し、間違ったニュースを発信してしまうことになるということは簡単に理解できることである。

　第三の点。好奇心を煽る現象は、ニュースをタイトルやメインとなる部分で読者の好奇心をひきつける内容、あるいは形式をもつ記事に作り替えるという現象である。実際には、記事にあるような人を驚かせる内容などその事件にはない、あるいは記事で強調されていることが実際の事件の全体の中では小さな一部に過ぎないことが多い。

　これは、新聞社が発信する過程で「騒ぎ立てている」だけだと断じることができる。本来強調する必要のなかった問題が大げさに強調され、それに接した市民を、受け取る際に混乱させ、そこで好奇心を引きつける。

　これは新聞紙上、特に電子版で日増しに多くみられるようになっている

現象であり、各紙が読者を獲得するために使っているテクニックでもある。

　報道理論の角度から考えると、この現象は、発信する際の誠実さ、客観性というルールに反している。また、社会批評の理論という観点では、社会批評が正しく行われるための最も重要な要素を失ってしまっている。その要素とは、何かを伝達する時の客観性という要素である（これは、社会批評の構造を形作るための「原料」である）。

　社会批評機関としての役割において、報道機関が問題の本質を誤るとすれば、それは、社会批評自体が挫折するようなものである。なぜなら、社会批評の真理へ接近するという原則が守られていないからである。

　好奇心を煽ることで、報道機関は仕事が雑になり、そして当然の帰結として社会批評性を失う。事件の性質と悪影響を考えることもせずに、読者を引きつけたいがために、また速度を競うあまり情報を流し続けることは、多くの場合、計り知れないくらいの悪い結果をもたらす。

3.4. 近視眼的思考

　まず、この近視眼的思考はベトナム人において顕著な文化的特徴（小農的思考）である。ベトナム人一般の諸々の活動になぜいくつかの限界があるのかということについて深い原因を探るならば、多くの領域がこの思考法の影響を被っていることに気づくだろう。そして、当然ながら報道（主にベトナム人記者によって実行されている）もまたその影響の外にあるわけではない。

　ベトナムの報道のあり方を深く観察すると、以下のような点で近視眼的

思考は社会に影響を与えていることが分かる。

　第一の点。近視眼的思考をすることで、批評すべき問題について不完全な形で認識するようになってしまう。この不完全さから、やがて社会批評は誤った方向へ向かう。

　第二の点。近視眼的思考によって、記者は問題そのものの批評に過度に集中してしまい、批評する際の記者本人の論の立て方（ロジック）から生まれてくる問題には注意を払わない。この問題が本題の批評の価値に悪影響を与えるか、まったく台無しにしてしまうことも少なくない。

　チャン・クアン氏は、性的被害を受けた未成年のニュースを伝える際に平気で被害者の実名や住所を載せてしまう記者がいる場合を例に挙げている[11]。この場合、記者には全体を見通す思考が欠けているため、犯罪者を告発するということだけに集中してしまい、犯罪の対象が未成年であり、彼らにはその後の未来が残っているのだということを忘れてしまうのである。世間が彼らの実際の名前や年齢、住所を知ってしまったら、彼らの将来はどうなるのだろうか。

　記事の全体を見通す思考とそういった性質もまた社会批評の質に影響を与える要素である。些細なことばかりを追求して、長い期間にわたって深く掘り下げて報じる必要のある情報を最後まで調査することがないということもまた社会批評の性質に逆行する典型の一つである。言及されている主題の周辺にあって、それに影響を与えている多くの問題が捨て去られ、そのせいで記事中に言及された事柄と社会批評の結果がおざなりな

11　ズオン・スアン・ソン、ディン・ヴァン・フオン、チャン・クアン『報道通信理論の基礎』、2004 年、ハノイ国家大学出版社、235 頁参照。

中途半端なものにとどまる、あるいは何の結果も得られないということさえあり得る。

　現在、ベトナムの新聞紙上では、このような状況がまだ普通にみられる。多くの記者はただ、まだホットなうちに、ごく小さなニュースで、あるいはちょっとした言及によってその事件を高く売りつけているだけなのである。そして、事件のその後の展開は、まったく顧みられることがない。このような状態は、以下のような二つの不利益につながる。第一は、読者に届く情報が不完全であること。初めの情報を受け取ったとき、読者は事件のその後の成り行きに対する興味から心を刺激され、その事件の経過を待つことになる。編集部がその後の情報を出さないと、読者は物足りなく感じ、ニュースへの信頼が減じることになる。第二は、情報の批評の効果がかなり減じられるということである。事件が最後まで報じられないとすれば、その内容は十分に説得力をもたないことになる。従って、その記事の社会批評の効果自体がかなり減じられることになる。

3.5. いくつかの解決法

　記事における社会批評の性質は、その記事を作成する過程における多くの要素に依存している。例えば、その事件自体、その事件の歴史的背景、読み手側の観点や態度などである。しかし、最も重要な役割を演じる要素は記事をつくる主体、つまり記者にある。それは、記事が出版されて公衆の前に公表される時に、社会批評の価値が生まれ、それが利用されるからである。従って、記者の理解度、文化、政治的見識が記事における社会批評の価値形成に極めて重要な役割を演じている。

上述したような社会批評の障害となる要素は、根本的に記事を作成する際の記者の認識の程度、文化、政治的見識に由来するものである。従って、根本的な解決法を得て上のような障害を徹底的に解決するためには、記事を作成する主体の要素から解決しなければならない。記事（文章）という枠組みにおいて、上述の障害を克服するために記者が重視するべき二つの要素がある。それは、「理解の程度を高めて記事の作成過程における理性的思考を強化すること、そして、認識力および政治的見識の程度を高めて確かなものにし、仕事のさまざまな課題に対処していくことである」。

　ベトナム人一般の、また特にベトナムの報道人の行動様式における「感情偏重」はある角度から考えると、プラスの要素だと言うこともできる。仲間、同胞に対して愛情を感じられることで、自国の市民に対してより深く観察し、共感し、より深く彼らの困難を分かち合うことができる。しかし、過度に感情を重視し、それがあらゆる活動を支配するままにさせておくことは明らかにマイナスの要素である。上で分析したように、感情を過度に重視することで、報道に携わる者は理性によって対処し考える能力を制限されることになる。そしてそれは、報道人の社会批評が制限されることに繋がる。つまり、人々の困難を理解し見つめることで、それを分かち合い助け合うための「感情偏重」はいいことだが、「感情偏重」が誤りの隠れ蓑になることはよくないことである。

　この行動様式を制限するためには、今の世代の報道人たちが昔ながらの生き方から脱しなければならないというだけでなく、認識と文化の程度を高めて理性的な認識の能力を十分なものにする必要がある。報道人が

「感情偏重」型で行動する原因は、昔ながらの生き方や風俗だけでなく、問題の本質を深く洞察し、正しく対処する姿勢をもつための理性的認識力が十分でないことが多いからである。その場合、理性的なものの見方が感情的なそれに勝てない。従って、自分自身の理解と認識の程度を高めることが現代の報道人にとって第一の仕事なのである。理性的な思考の美点を理解できれば、報道人は噂のシステムを前にしても動じず、正しく認識することが容易になり、問題に対して包括的、系統的、論理的な思考ができるようになる。理性的思考の美点はまた社会批評の美点でもあるのである。

　専門的な能力を高めること、並びに社会全般を理解して、理性的思考を強化することに加えて、報道に携わる者は、訓練して確かな政治的見識をもち、政治に関する「デリケートな」問題について正しく対処する姿勢を持たなくてはならない。すべての分野で日増しに明らかになってきているグローバル化の傾向について、さまざまの敵対勢力が、それを社会秩序の攪乱のため安易に利用することが容易になっている。確かな政治的見識を磨いていなければ、報道人はそれらの敵対勢力の企みにおいて、容易く操り人形となってしまうだろう。

　更に、すでに分析したように、共産党的原則は「両刃の剣」であり、共産党が間違った決定を下す時、全ての社会批評の努力を簡単に台無しにしてしまう。もちろん、これは共産党的原則に抵抗する思想ではなく、理性的思考と社会批評の美点をもつために必要な戒めなのである。

　古いと思われがちだが、急を要する新しいこの二つの解決法を実行するために、報道人が常に専門分野と思想を自らのために研鑽し、涵養す

ることが必要であるだけでなく、報道の業務を指導、教育する機関も不断に改革し認識を高め、新しい見識や理解を取り入れる必要がある。それだけでなく、これらの機関は、優れた指導法によって将来の報道人が教えられた様々な見識を吸収し、多くの魅力があるが困難でチャレンジングなこの領域に踏み出すに際して、しっかりとした基盤をもてるようにしなければならない。

4. 社会批評における文化の役割と21世紀のベトナムの報道環境

4.1. 変化の原因としての文化

　急速なグローバル化に伴い、ベトナム社会は全面的な地殻変動を起こしている。その変化は社会構造から社会活動に参加する個々人の物質的、非物質的な要素にまで至っている。そのため、この「第三の波」[12]の初期段階にあって、ベトナムの報道・通信もまた一定の影響を受けている。

　21世紀の報道環境を見極めようと思えば、この世紀の社会環境を見極める必要がある。それは、社会環境は報道活動が行われる場であるからであり、また社会環境を考察することは、報道一般を発展させる土台を考察することでもあるからである。

　21世紀は、社会生活すべてが科学技術によって支配される世紀である[13]。この世紀における社会は、科学技術が高度に発達した社会である。それは、人類のあらゆる要求に役立つ新たな価値、新たな作業効率、そして新しい道具を生み出す。この環境下において、発達した科学技術により、報道一般も根本的な変化を強いられるだろう。

---

[12] アルビン・トフラーは、『第三の波(The Third Wave)』の中で、人類の歴史には連続する三つの文明、すなわち農業文明、産業文明、ポスト産業文明がある、と考えた。そして、トフラーはそれぞれの文明を「波」と呼んだ。
[13] グエン・ホン・フォンは、アルビン・トフラーの『第三の波』を紹介する文章の中で以下のように書いている。「特に第三の波の世紀において、人類はスマートな環境を手にした。それは、我々がその世紀を生身でない環境、つまり周りに生命ではなく電子頭脳がある環境に推し進めたためである。このことこそが、第三の波という書物が述べているところの。根本的で全く新しい意味にあふれた変化をもたらしたのである。」

科学技術の発展に伴い、人間の生活もすべての面に渡って豊かに、多様になってきた。しかし、それにとどまらず、物質的、非物質的なさまざまな要求の中で、生活は複雑な発展をしてきている。

　伝統的な農業文化の環境において、ベトナム人の認識、習慣、行動の変化が、グローバル時代に生活環境、特に文化の変化を伴って直ちに世界に追い付くということは難しいだろう。西洋文化のベトナムへの大規模な流入は、ベトナム人、取分け若い世代（21世紀の主役とみられる人々）に相当の「カルチャーショック」を与えた。

　この「ショック」は、もともとアジアの農業的な伝統文化の影響下で生まれ、教育を受けた人々の考え方と行動に、ある障害を生み出してきた。彼らはこの「貧農」の出自から、全く異なる環境で成人したのである。科学技術の発展と新奇な文化の流入によって彼らはショックを受け、多方面にわたって、価値判断や美的基準、生き方などの指針を見失った。大きな変化が起きたことで、最近の若者の「質の低下」がこのショックのせいだとされた。

　この「カルチャーショック」は、新しい世紀における報道の過程と形式の変化について甚大な影響を及ぼした。21世紀の読者の情報とそこから得られる指針への要求は、根本から変わるからである。

　では、21世紀のベトナムの報道はどのような特徴をもつのだろうか。

　第一の特徴。高度な通信技術によって発展した報道である。新しい技術の成果、情報への新しい要求、そして新しい通信方法とともに、新しい報道手段が報道に欠かせないものとなる[14]。この新しい手段による報道

---

14 『新しい通信手段とベトナムにおける文化社会の変化』（社会科学出版社、2008

が、21世紀の報道市場において大きな部分を占めている。新しい報道が、やがて伝統的な報道を駆逐する（電子版が印刷版を死に追いやり、広告は廃れ、PRが王座に就く、など）と予想する人までいる。

　第二の特徴。新しい報道は、ニュースを丁寧に追う時間はないが、てっとり早く多くの情報を取り入れたい読者の要求に応えるものである。社会は日増しに豊かになり、発展し、一日という時間の中で人はますます多くのことに関心を向け、解決していかなければならなくなっている。そのため、新しい情報を獲得するために裂かれる時間も影響を受けてしまう。しかし、21世紀の社会環境において、自分を適応させ、正しく振る舞うには、個人がお互いの情報をより多く掴んでおく必要がある。この矛盾が報道に投げかけている問題は、読者があまり時間を費やすことなく、しかも多くの情報を得るにはどうすればよいのか、ということである。

　読者の情報へのアプローチの環境、要求、様式が変化していることから、21世紀のベトナムの報道は、通信手段及び報道規定を変革し、現代の読者の要求に最大限応え得るよう努力しなければならない。

　第三の特徴。新しい報道は、新しい要求をもつ新しい読者に奉仕するものである。21世紀のベトナムの報道の読者は、レベルの高い読者となる[15]。同時に、彼らの要求はあらゆる面において複雑になる。なぜなら、西洋文明と彼らの中から千年もの間消し去れない伝統文化（良いものもよく

年）の中で、ブイ・ホアイ・ソンは、以下のように述べている。「比較的短い時間で、新たな通信手段は我々が暮らしている地球の隅々まで甚大な文化・社会的変化をもたらした。それが辺鄙な農村であろうと、せわしない都市であろうと、新しい通信手段は、人類がより便利な生活を得る機会と、デジタル・ディバイドを越えるという課題をもたらしている。」

[15] グエン・ホン・フォン、『第三の波』紹介文

ないものも含め)の両方が強く影響しているからである。

　この現代の読者は、その情報への要求が多様化しつつある[16]。より正確に言えば、報道は読者への奉仕において、内容を多様化しなければならないということである。以前のようなものの見方、考え方、思想に加えて、21世紀のベトナムの報道は自らの社会的な役割を再考する必要がある。21世紀の読者は、これまでの読者よりも実用的な、もっと言えば現金な報道に対する要求をもった読者なのである。

　社会主義の方針に従った市場構造の整備に加え、経済のグローバル化が与えるベトナム経済への影響は小さくない。「経済化」という専門用語が、現代ベトナムの隅々まで入り込み、以前には思いもよらなかった分野が誕生している[17]。

　元々は政治報道であったベトナムの報道は、自らを変革し、新しい特徴を身に着けるべきである。それは、報道経済ということである。経済の兆候は21世紀のベトナムの報道の最も些細な特徴にも見られるようになるだろう[18]。

---

[16] アルビン・トフラー曰く、我々は今、大衆報道時代に突入している。
[17] 各新聞紙上では(特に電子版において)、生活面(その中では夫婦の性生活について大きく扱われる)が日に日に重要な項目になり、多くの読者を惹きつけている。「いいセックスをする秘訣」、「男性器は上に向けるべきか、下に向けるべきか」や「女性が気持ちいいふりをする理由」などといった内容は、以前の紙面には見られなかったように思われる。
[18] この兆候は、報道グループを設立したり、VTC(ベトナム・マルチメディア・コーポレーション)が報道経済グループとなることを首相が承認したりしたような全体的な事象にだけ現れているのではない。それは、それぞれの報道出版物の中に具体的な形で見られる。PRや広告が日々急速に発展し、また発展するために報道と結びついている今、経済的(お金を稼ぐ)要素が通信一般、特に報道に入り込んでいるだけでなく、どっとあふれる状態になっている。

このように複雑な発展を伴う報道はどのような特徴をもつようになるのか。

　第一の特徴は、情報を掴み発信することにおいて素早い報道主体をもつ報道であるということである。新しい時代には、どの時代よりも増して、「報道競争」という現象が、はっきりと、その名の通りの意味で起こってくる。情報における競争が、「どれがより深いか」から、「どれがより速いか」へと次第に変化してきている。それは新しい発展の環境において、業務上のやむを得ない要求というだけでなく、報道の主体自らの要求でもある。素早く、能動的でなければ、後れを取ってしまう。それは、21世紀の報道人にとってモチベーションともなり、チャレンジでもあるが、同時にプレッシャーともなる[19]。

　第二の特徴は、21世紀のベトナムの報道は読者に権利を取り戻すことにおいてより強力に闘争する報道であるという点である。それは、従来の報道が読者のために闘ってこなかったという意味ではない。しかし、従来の報道は、政治的価値観において、個々の読者グループ、読者個人の現実的な価値観よりも、大衆的な価値観に偏っていた。新しい時代の報道は、それぞれの現代の読者のために、より身近な権利を守ることになるだろう。

　それに加えて、新時代の報道においては、社会批評が力強く発展する新しい傾向となる。社会批評は、報道が読者と権力者並びに企業との唯一の懸け橋としての道具となるための有効な方法となるだろう。

---

[19] 近年、ベトナムの報道は常に読者によって、日増しに強まっていく「タブロイド」的傾向が批判されてきた。それは特に、電子版における「パッと目を引く」タイトルの記事や三つのS（ショッキング、セックス、お涙頂戴）の記事に対して言える。

第三の特徴は、報道がもたらす怒涛の発展と新しい価値観に加えて、21世紀は報道が多くの新しい阻害要因と対峙していく時代となるという点である。それは、読者の情報に対する要求並びに通信方法の変化に起因する。スピードを少しでも高めようとする「情報競争」や読者の好奇心を煽ることによって、社会批評の性質を歪めたり、間違った基準に基づき、間違った方向で社会批評を行うことなどが現代ベトナムの報道においてよくみられる。これもまた新時代において報道並びに報道を管理する者にとっての大きな課題となる。

　第四の特徴は、21世紀のベトナム報道は、経済の発展と経済的要素が社会生活の隅々まで入り込むことによって悪影響を受ける報道になるということである。匿名のPR、追従記事、利潤の追求、更には却って読者にとって有害になる情報を報じるといった報道経済のマイナス面が、ベトナムの報道が社会批評という確実な価値観へと向かう道程における大きな障害物となるだろう。

4.2.「道先案内人」としての文化

　この項では、報道に限定しない、すべての分野の発展と交流、協調にとっての指針、きっかけをつくる文化の役割について述べてみたい[20]。

　全ての面において、交流や協調を生み出すために必要な第一の要素は、まず経済面での適合ではなく、文化面で適合するように努めるべきである。経済的な交流を、交流と協調の基準とし、主な目的としてしまうこと

---

[20] 文化について述べることは、とても広く掴みにくい概念について述べる、ということである。M.I.カリーニン曰く、「文化という概念はとても広い。顔を洗うことから最高の人類の思想まで含まれるのだ」。

は協調の本質を誤らせることになる[21]。

　もちろん、一国家の内的発展過程において、経済的要素は決定的なものである。文化はただこれを促進する要素に過ぎない。しかし、交流・協調においては、文化的要素が全てのものの上に位置づけられなければならない。文化面での正しい交流と接触[22]があって初めて共に「同じ庭で遊ぶ」ことができる[23]。

　更に、「交流・協調」の概念について考えるとき、まず双方の参加者の間で遵守されるべきルールというものを思い起こす必要がある。ある経済、ある文化が交流・協調するということは、政治と密接に関係してくる。それは、単なる個人間での交流と協調、あるいは友人関係を結ぶこととは異なる。もし、共通のルールと言葉をもつことができなければ、双方はお互いに付き合いをやめることになる。交流もまたそこで終わってしまうのである。

　共通のルールが守られない場合、交流、協調がただ外面的な形式においてなされるだけになってしまう。そして、そのような外面的な形式におけ

---

[21] 言語学院の2004年版ベトナム語辞典では、協調を以下のように定義している。「大きなコミュニティーに自らを融和させること(民族間、国家間の関係について言う)」。ここで言われる「融和」は経済を最優先事項にしてしまっては実現できない。
[22] ここでいう文化は、その内に他の言語の表現を含めた単に簡略化した表現を指すこともある(thaoluanvietnam.comのある投稿者による)。彼によると、「二つの異なる文明圏から来た人が出会うとき、初めはどのように交流が行われるだろうか。交流するための初めの努力がのちの関係を決める。例えば、出会ったときに嬉しいという態度を表したければ、そのような態度の表し方を模索し、そしてそれを次第に簡略化していく。それは、日本人なら手を合わせて頭を下げるように、また、現代の文明に生きる人なら握手して心臓の鼓動に合わせてそれを振るようなものである。いかなる角度から考えても、文化は言語のようなものであり、文化も形象化しようとする傾向があり、簡単な表現形式の内に複雑な内容を秘めている。」
[23] http://vietbao.vn/Kinh-te/Ai-se-ra-san-choi-quoc-te/55107521/88/

る協調は政治的関係に悪影響をもたらすことさえもある。そのため、交流と協調に適応するための方法の枠組みを改善することが、国家にとって、グローバル化の波に乗る道を決める際の重要な要素であると考えられる。そして、文化学の見地からすると、共通のルールを守ることとお互いの独自の特徴を尊重することも一つの文化である。すなわち、交流、協調の文化である[24]。

　報道・通信もその法則の外にいるわけではない。経済とすべての社会が国際交流、国際協調の流れの中に踏み出す時、報道一般もその流れの外にいることはできない。国際協調下におけるベトナムの報道・通信について議論するとき、二つの面から検討する必要がある。それは、つまりベトナムの報道・通信が国際協調一般に関するニュースとベトナムの報道・通信自体の国際協調についてのニュースを伝える、ということである。いずれの面においても、報道・通信はそれぞれ異なる役割と責任を持つ。しかし、いずれの場合も、ベトナムの報道は文化を第一の関心事にしなければならないという共通点がある。

　第一の面において、ベトナムの報道がベトナムの国際協調について伝えるとき、まず注意を向けるべきはやはり文化なのである[25]。文化面での

---

[24] 従って、党中央委員会の決議では、以下のようなベトナム文化に対する指針が堅持されてきた。それはつまり、「民族文化の性質を維持しながら人類の文化の精華を吸収する」というものであった。「適応しつつも同化しない」という方針はここから生まれた。

[25] ベトナムがWTOの加盟に動き出したとき、ベトナムの報道・通信はベトナム人の文化についての活発な論壇を張った(例えば、ティエンフォン紙は、「ベトナム人、その性質、悪習」を、タインニエン紙は「ベトナムは小国か否か」を掲載した)。自らを省み、文化の面から自らを認識することで良くない文化、悪習を去り、文化の精華を維持し活用していくことが賢い選択である。ある民族、ある国家についての第一の認識は、その国ごとの人々の文化の総体についての認識である。

衝突、文化面での共通点と相違点、文化融合のための解決策などは、報道・通信がまず初めに議論すべき問題である。文化に関する問題を解決した後に初めて他の問題を検討できる。二つの文化が近くに歩み寄ることができたとき、最も基本的なレベルで国際交流、国際協調が始まる。そのことは、友人になることを望んでいる二人の間の親しげな笑顔、あるいは友情の握手のようなものである。そういう意味で、文化は「信頼できる道先案内人」となり、他の面での国際交流、国際協調も活性化する。

　第二の面において、国際協調（あるいはその時期）に歩みだすとき、ベトナムの報道・通信自体は、交渉相手の報道・通信という明らかな比較対象を得ることになる。比較してみると、明らかにベトナムの報道・通信は未だ不安定な部分が多い。その不安定さは、報道・通信のレベルや物的条件、あるいは政治による報道に関する法の整備だけに起因するものではない。それは文化が及ぼすベトナムの報道・通信の各方面への影響にこそある[26]。この文化の影響により、ベトナムの報道・通信は多くの角度から自分自身を振り返る必要に迫られている。ベトナムにおいてインターネットによる報道が生まれ、日に日に報道体系の中で大きな部分を占めるようになってから、報道に足りない点がある。つまり、グローバル時代における報道人のレベル、習慣、認識、モラル等が十分でないということがこれまでもずっと報道の理論においてホットな問題であった。

　これら全ての面は、ベトナムの文化的伝統から多大な影響を受けている（積極的なものも、消極的なものも、またよくない文化からも文化の良い

---

[26] 『報道、その理論と実践』第7集、ハノイ国家大学出版社、2011年、所収「ベトナム報道・通信の社会批評の阻害要因」参照。

面からも）。そしてそれは、グローバル時代に歩みだす前に、ベトナムの報道・通信が厳しく検討すべきものである。

　新時代の報道に対する文化の影響について、別の小さな面を挙げてみると、ベトナムの報道は、自分自身を省みる必要に加えて、報道を行う多くの方法を学び、世界各国の大規模で歴史のある報道機関と報道の理論に接する必要がある。しかし、それらをいかに運用するかということに関しては、まず文化の面で適応させなくてはならない。すべての技術と理論は固定されたものであり、変化するものは文化と人である。従って、いかなる理論や技術も、それを新しい製品に応用するときは、まず相性、特に文化面での相性を考慮しなければならないのである。

5. 市民社会における報道の社会批評の位置

5.1. 市民社会

　すでに、市民社会についてのさまざまな定義が研究者から出されている。それぞれがめいめい異なる視点と考えをもっている。しかし、それらすべての定義が市民社会についての基本的認識においていくつかの共通点を持っており、それらは次のようなものである。

　－ 市民社会とは、国家、市場、個人の外にある社会構造の一類型である。それは、第四の勢力であり、政治（国家）、市場（企業）、伝統文化（家族、個人）に続いて出現した。市民社会はこれら三つの勢力を互いに結びつける。

　－ 市民社会の原則は、メンバーが市民的なルールに則り、自ら進んで参加することである。

　－ 市民社会は、共通の目的のために活動しながら、社会の各成分の結合を目指す。そして同時に、市民社会は、法律を執行する者が人民の願望を反映するようにサポートする。チャン・ヴァン・ロンによると、「国家が法に則って行為し、市場が利益に則って活動するとすれば、市民社会はやはり法律や市場に従いながらも、道徳や人文主義、互助の精神の面を促進するものである」[27]ということである。

　－ 市民社会の二つの要素は、コミュニティーと個人の役割である。コミュニティーは強固な団結と連合の象徴である。そのコミュニティー内での

---

[27] チャン・ヴァン・ロン『市民社会―いくつかのアプローチから』調査科学院、2009年

個人の自由は維持され活かされている。「国家は強制力や命令と服従の領域であり、市民社会は自立、自力、自主、協調と強固な団結の領域に属す」[28]。

このように、形式の面では、市民社会は最も大規模な社会組織の一形式であり、自主、協調の原則の下に共通の問題を解決するため、社会の中の各勢力を結合させるものである。市民社会という形式はその諸特徴によって、社会批評が理想的に行われる条件を生み出す。

5.2. 市民社会の質を評価する要素

CIVICUS(市民参加のための国際連合)によると、市民社会の質は、それぞれの頂点が評価すべき四つの要素を表すひし形によって測られる。四つの要素とは、構造、環境、価値、社会生活への影響である。

－　市民社会の構造：規模、総体、体力と広がりを指す。それは、市民社会への人々の参加の広がりと深度、参加メンバーの多様性と市民社会のレベル、組織と市民社会における活動対象間の関係、資本、元手などから成る。

－　市民社会の環境：市民社会の政治的、社会的、経済的、文化的、法律的環境から成る。市民社会の環境は、更に小さく具体的な項目に分けられて評価される。政治的条件、基本的自由の諸権利、社会経済的条件、文化社会的条件、法律的環境、国家との関係、私的分野との関係な

---

[28]　グエン・スアン・トゥン「ベトナムにおける社会主義法治国家樹立の促進における市民社会」、
http://moj.gov.vn/ct/tintuc/lists/nghin%20cu%20trao%20i/view_detail.aspx?ItemIID=4445

どである。
　－　市民社会の価値：民主性、論理性、コミュニティーの結束、非暴力、男女平等、貧困の撲滅と堅固な発展から成る。
　－　社会生活への市民社会の影響：異なるレベルにおいて現れ、多くの面からアプローチすることができる。例えば、国の政策に影響を及ぼす、国と市場の責任を維持する、社会のあらゆる関心に応える、市民の権利を強化し、社会のさまざまな要求に応える、などである[29]。

5.3. 市民社会における各勢力間の唯一の橋渡し役としての社会批評

　市民社会は、国家、市場、個人の外にある社会構造であり、この三つの内部での影響力については、形式的には市民社会の活動に直接作用しない（構成員の観点から考えると、市民社会勢力に参加している人材については、常に上述の三つの勢力からの貢献があるので、国家、市場、個人の三勢力の内部というのは実は市民社会の内部でもある）。

　三つの勢力の内部における活動や言論活動に対する市民社会の干渉や参加は、主体的で理性的、客観的かつ公平であるべきである。従って、市民社会という環境に置かれる時、社会批評はその基本的諸要素を担保された社会批評になる。

　このように見てみると、市民社会とは、政治、市場、伝統文化の三勢力の外にありながら、それを包摂する勢力であることが分かる。そして、これら三勢力を結ぶ市民社会の在り方が十分に実現されるのは、社会批評に

---

[29] グエン・ディン・フエ「自然、環境保護についての社会批評」科学技術出版社、2009年、20－21ページ。

よってのみなのである。そのような分析から、市民社会は、自主的で自立的、自由な勢力である、ということが分かる。市民社会の自主、独立、自由に対する干渉は、その本質を変え、人々にそれを見誤らせることに繋がる。

「現在の我々の市民社会の定義は未だに正しくない。我々の定義している市民社会とは、せいぜい市民を尊重する性質をもった何者か、という程度に過ぎない。しかし、私の考えでは、市民社会の本質とは、自立性であり、自身の問題は自分で解決できなければならない。国家とは、生活における計画的な性質をもつ問題の解決を目指す社会の一部であって、生活の全ての問題を解決するものではない。-中略-市民社会は自らバランスを取る社会である。そのバランスを取る機能こそが国家を生み、国家の活動の役割と内容を生み出してきた。その時代時代で、各々の政治体制、あるいは発展のレベル次第で市民社会の内容もまた異なる」[30]。

それぞれの社会勢力を結びつける方法は多くある。その勢力自身も社会の他の勢力との関係を樹立し、支持する方法を持っている。しかし、その関係維持の方法は、多少なりとも関係の樹立を持ち出した側の一方的な圧力を伴うものだ。そのため、客観性や論理性は程度の違いこそあれ、一定の影響を受けてしまう。

報道の論理によれば、いかなる政治も報道を生み出す[31]。これは国家の政治的道具としての報道の役割を端的に表した言葉である。このよう

---

[30] グエン・チャン・バット『未来との対話』作家協会出版社、ハノイ、2010年、565-566ページ。
[31] ズオン・スアン・ソン、ディン・ヴォン・フォン、チャン・クアン『報道理論の基礎』ハノイ国家大学出版社、2004年、99-100ページ。

に、権力者は、報道を政治の道具のように使い、諸々の関係を維持、調整してきた。しかし、そのような調整は極端な状況に陥りやすい。つまり、報道を政治的目的に向かわせ、それを実現するためのただの道具であるとみなすのである。そのようにみなすことは報道の役割を誤解している。

　自らを省みるに、全ての報道について、社会の監視と管理という役割は、国家や公人、利益の外に立つという精神の上に理解されるべきものである。そうして初めて、報道の公平性、論理性、そして公共心が担保される。それが実現されれば、それはつまり報道が市民社会の一部になり、市民社会の社会批評により、社会の秩序と公平性を維持する方法になるということを意味する。

第2部　事例に見るベトナム報道の社会批評

第1の事例　2005年トゥオイチェー紙上の連載「ドイモイ前夜」

1. 連載「ドイモイ前夜」について

1.1. 連載の考想

　まず、記事の共同制作者であるスアン・チュン記者の、雑誌『報道人』に載った「ドイモイ前夜」誕生についてのインタヴューから引用する。「連載「ドイモイ前夜」は15期も続き、我々は周到に準備と投資をした。草稿作成の段階から掲載（2005年の暮れ）まで実に1年もの時間を割いたことを覚えている。その時期は多くの重要な出来事が集中していたときで、「新時代」や「黄金時代」などと言う人もいた。人々はベトナムのWTOやAPECへの加盟などについて深い関心を寄せ、毎日それらについて聞いたり話したりした。また、各地方では第10回党大会に向けて大会を開いていた。
　このような状況で、私たちは国全体が1986年のドイモイの大革新のような画期的な発展の一歩を求めているのだと感じた。20年という周期が私たちに、より有利で確実な条件下で、またより高次なレベルでの新しい機会をもたらしたのである。
　従って、新聞紙上において、我々はこのような重要な出来事の経過についてのニュースを報じるだけでなく、より明確なメッセージをもった独自のテーマを設定しなければならなかった。我々は多くのテーマについて考

え、多くの資料を読んだ。第10回党大会文書草案集の中のドイモイ20年総括を読んだとき、我々はドイモイの成果と教訓に対する多くの意見や分析に納得したが、何か物足りないものも感じていた。我々が多くの人と意見を交わすなかで、ドイモイ以前の時代があまり語られないことに気付いた。ヴォー・ヴァン・キエット元首相は党大会文書に率直に意見して、ドイモイの総括が、「塗炭の苦しみ」であった祖国統一後の10年も含めた30年総括であるべきだ、と述べた。

　これをチャンスとみて、我々はドイモイの前夜についての長い連載をやらなければならないということで一致した。1986年以前に起こったことを十分に整理し分析するのでなければ、ドイモイ事業の価値を真に理解するのは難しい。そして、この先、更にドイモイ（革新）し続けていきたいならば、誤りも含め我々が成してきたことを顧みる必要がある。当事者が存命で、歴史的資料もまだ残っており、そして何より静かに考えるためには十分な20年という年月が経過した今、我々皆がドイモイについてもう一度熟考すべきである。[32]」

　こうして世に出された連載記事は、読者と社会の認識する所となったが、ほとんどの人は一連の文章がもう少しで掲載されないところだったということを知らない。このような活気にあふれ積極的な「黄金時代」の雰囲気のなかで、バオカップ[33]時代の失敗の話を蒸し返すのはどうなのか、という

---

[32] スアン・チュン、ベトナム記者協会ウェブページ、2006年
[33] 「バオカップは「官僚的、バオカップ的行政管理メカニズム」という表現が略された語である。バオカップは「中央集権的、官僚主義的経済管理制度の下での生産、流通、消費に対する包括的国庫補助金制度」ということができる。」石井米雄監修、桜井由躬雄、桃木至朗編集、『ベトナムの事典』、1999年、角川書店

第1の事例 連載「ドイモイ前夜」について

意見があったからである。それは一理ある意見だった。しかし、連載の動機と目的はドイモイ時代の全体図を再現することではなく、ただそれを概観して、もっと言うべきこと、つまり我々はどのようにしてバオカップ時代を乗り越えたかということを述べることにあった。「規制破壊」の一撃が、ドイモイの議決が生まれる前にすでに革新的な産品を生み出していた。「生産拡大のための規制緩和」の結果は、それが、ドイモイの黎明を導いた解決法であったということを証明している。連載「ドイモイ前夜」に着手した時のことを振り返りながら、記者スアン・チュンは述懐した。「我々はただ言いたいことをすべて言い切れないことを恐れていた。なぜなら、ドイモイの前夜を思い起こすと、たいていはバオカップ時代の困難、閉塞感、失敗、幼稚さを考えるからだ。ドイモイ事業の総括文書でさえ、ドイモイ20年の成果にばかり言及して、ドイモイ以前に起こったことについては十分に評価、分析できていない。ドイモイ以前の事実を直視しなければ、どうしてドイモイ20年の成果を正確に、十分に評価できるだろうか。そして十分に、正確に評価できないならば、この先の発展の道に有益な教訓を引き出すこともまた難しい。当事者が存命で、歴史的資料もまだ残っており、そして何より静かに考えるには十分な20年という年月が経過した今、起こったことについてもう一度熟考すべきである。我々にとって特に興味深かったことは、資料の内容にリアリティを与えるために当事者に会うと、彼らは判を押したように決まって「配給手帳時代の記憶」を思い出したということだ。」

連載「ドイモイ前夜」は2006年の国家報道賞のB賞を受賞した。最高の賞ではなかったが、作者たちが作品に込めた希望は幾分か実現した。それは賞の話ではなく、もっと高く、深いこと、つまり彼らが読者の心に積み

上げたものの話である。

1.2. 連載中のそれぞれのシリーズについて

1.2.1. 取材班のシリーズ

　取材員ハン・チュック・グエン、スアン・チュン、クアン・ティエンのグループの記事は、2005年11月30日水曜日から2005年12月10日土曜日のトゥオイチェー紙に9期にわたり掲載された。これは、連載「ドイモイ前夜」の核となるシリーズであり、それに続く記事（専門家、当事者、読者による）の出発点となったものである。

　記者たちは、ドイモイ以前の時代の証言者や当事者を探し、調査やインタヴューをして記事を書き、毎期ごとに異なった問題を議論するようにした。それは例えば、生活、経済、市場、そしてドイモイ国会（1986年）における党のドイモイ事業の前提を作った「規制破壊」の教訓についてなど様々だった。それぞれの人物の言葉、あるいは彼らが語った話から、記者たちはバオカップ時代の国の状況を生き生きと再現した。当事者の言葉を借りたことで、語る言葉は多くなったが、冗長になるのを避け、なにより20年以上も前の話を語るに際しても客観性を持たせることができた。それぞれの記者の記事で言及された内容は主に二つである。一つは、バオカップ時代の欠陥（初めの4期）、もう一つは、何人かの個人と地方の代表的な例から見る、後の全面的、全体的なドイモイに対して前提を作った「規制破壊」によるドイモイの萌芽である。

　「配給手帳の記憶」と題された第1期において、ドイモイ以前の日常生活

が集中的に取り扱われた。日常生活には、バオカップ制度の限界と失敗が如実に表れた。おそらく、掲載された感動話のおかげで、この第1期が連載中でもっとも読者を惹きつけたと思われる。この記事の中で、ある時代の証言者が極貧ともいうべき自身の生活並びに困難な時代の社会について語った。教師であるグエン・ヴァン・ハンさんはある夜、まめができるまでパンクの修理をし、翌朝チョークをもって教えることができなかった思い出、集団で豚や犬を育てたこと、バオカップ時代唯一の結婚式の記憶などを語った。また、運転手のチャン・ヴァン・タインさんは、350万ドンもの旅客バスをもつ（当時誰も持っていなかった）「小資産家」であったが、後に半官半民の会社を「発明」したため、無一文になったことを語っている。

　公務員、教師、私商人、経営者などだけでなく、社会の各層が次々と登場し、忘れえぬ記憶を語っている。給料の代わりに配給切符を支給するという政策は、当時のベトナム社会全体に、必要なものは発給されず必要のないものだけはいつでも手に入るという、悲しくも可笑しい状況を造りだした。3月8日縫製工場工員のディン・ティ・ヴァンさんは述懐する。「食糧配給の日は、家じゅうがそわそわして、様子を窺っては竈の煙を嗅いでいた。ラードを滓になるまで熱して油をとり、慎重に器に入れてから、はじめてヴァンさんはたっぷりと塩、タレを入れて、数切れの肉を煮てゆっくりと食べた。工員の集団地区中が祭りのように楽しかった。街区には街灯がともされ、配給がなかった家では、妻が配給に当たらなかったことをなじる夫の怒鳴り声が聞こえた。（中略）夫を亡くし、家が女性だけ（姑、ホアさん、二人の娘）なのに、特別配給の時、女性用下着が全てトランクスとラ

ンニングシャツ、そして艶剃りだったというホアさんのような人もいる。ホアさんは一週間泣き続けた。[34]」

　日常生活は、バオカップ体制の限界がもっとも明確に現れる面である。そこでは、困難で、極貧で、消極的なものが簡単に見いだせ、簡単に想像できた。連載を日常生活についての記事で始めたこともまた初めに読者にインパクトを与える批評の技術である。

　連載の二つ目の記事は上から指標を下すというやり方の経済における仕組みの悲しくも可笑しい話だった。ドイモイ「前夜」の悲しく可笑しい話はその時代の当事者でないと想像できない。全てのことは、市場のルールを無視した上から押し付けられる指標に従って、指標とにらみ合いながら進められた。人々は指標を満たし、報告書をきちんと完成させるためにあらゆる手段を模索し、更にその後には改善と改悪の創造が待っていた。

　続けて、指標の基準を満たすため、消費する場所がないことから自ら川や小川あるいは捨てられるところならばどこにでも石炭を捨てていたタイグエンの石炭会社の話をしたい。「「お手上げ」というわけにはいかず、会社の指導陣は工場で寝泊まりし、あけても暮れても工員とともに、困難を克服し、公布された指標を満たすため創意工夫し続けた。そのころの仕事は通常の倍忙しかった。なぜなら苦労して創意工夫を重ねた後には、更に苦労が待っていたからだ。それは石炭を捨てることだった。淵に捨て、小川に捨て、洞穴に捨て、捨てられる所ならどこにでも捨てた。

　そのことはついに上の耳に入ってしまった。石炭会社の社長は譴責を受けた。しかし、全社の年次総会では、真っ黒で骨ばった顔をした社長が

---

[34] トゥオイチェー紙、2005年11月30日。

演壇に嬉しそうに躍り上がってこう言っていた。「とても乗り越えられないと思うような困難に遭いながらも、高い一致団結の精神で我々は想像の能力を発揮し、労働に励み、上が交付した指標をみごとに完成させた。省は指標を満たした全ての団体に表彰状を与えた。[35]」

　官僚的に指標を交付して、市場やそれぞれの企業の状況を一顧だにしないバオカップ体制は、生産における創造性を殺しているようなものだった。創造性は上から下される指標に応えるためのものだろうか。次は、当時の元ベトナム縫製連盟総局長ブイ・ヴァン・ロンの話である。「この「指標」の二文字が、恐怖の「孫悟空の金冠」となり、全ての生産活動の上に覆いかぶさっていた。国は起業に原料と元手を供給するが、それに加えて企業が製造して国に納めるべき一定の製品の量が通達される。[36]」

　上に述べたような経済下でのバオカップ体制の弊害は、科学の分野における笑い話を生むまでに至った。それはもちろん、当時ガソリンがなかったので、ガソリン車を石炭車に「改悪」したことで有名な科学の功績の話である。「そうして、速度が70～100km/hから20～30km/hになった。静かな車は常に吠えまくるモンスターになった。どこへ行くにも目的地への道に火を噴き、煤をまき散らした。山道を通るときに火が森を焼いたこともあった。乗客と運転手はいつも地獄の住人のように顔を黒くしていた。急な坂に差し掛かると、全員が車から降りて、いち、に、さん、よいしょ、と車を押して坂を登った。[07]」

35　トゥオイチェー紙、2005年12月1日。
36　トゥオイチェー紙、2005年12月1日。
37　トゥオイチェー紙、2005年12月1日。

続いては、第3期に「露天市場がたたまれたとき」という題名で語られたバオカップ時代の話である。それは、バオカップ時代の自由市場と国営市場下での欠陥について語ったものだった。「川岸では市が禁止され、一方では地よりも低い価格、一方では天よりも高い価格、買おうとしても買えず、売っても売り切れないようなバオカップ時代の商売というものは、拙速で強硬な締め付けの結果だった。ハー・ダン氏（元ニャンザン紙総編集長）はそれを「露天市場がたたまれた夜」と呼んでいる。」市場（しじょう）を厳しく取り締まり、自由な売買を禁止し、それでいて国営の市場（しじょう）は十分に需要に応えられていなかった。そのため、「当時、人々は誰もが密売人になる可能性があった。だから、役人は密売に相当目を光らせていた。公安、税務員は誰のものでも、どこででも、封筒でも行李でも籠でも袋でも、何でも検査して改めることができた。」

そして、これもバオカップ政策のせいで、人々の余剰の製品は全て二束三文の安い値段で国に売らなければならなかった。記者たちはそれを「盗むように買う」と呼んだ。

バオカップ経済の専門家たちは、次のように言う。国は人々に必要な品を安い値（製造費以下）で売るため、国は買う際も人々の品物を安い値（製造費以下）で買わなければならなかった。その製造費と価格の差はお互いに相殺され、どちら側も損をせず、自分の要求も満たされた。

「当時の社会全体は買いたいものは買えず、売っても売り切れない市場（しじょう）となっていた。そして供給する品が十分にない中で、中間マージンによる損失は大きく、国営の商売は消費者に対する一種の恩恵のようになっていた。そのため、自由市場は根こそぎ排除されることはなかったが、常に

第1の事例　連載「ドイモイ前夜」について

圧迫されていた。このような状況は、癒着、潰しあい、賄賂、投機など悪い企みにとっては都合のいい環境をつくりだした。品物は足りず、インチキだけは溢れていた。最も損害を被ったのは、いつも「配給手帳を失くした」かのように悲しい顔をしていた消費者だった。

　これが1986年以前の人々の生活の大略である。記者たちは、南部と北部の証言者の話をまとめ、読者にある時代の全国の状況について幅広く想像させることにおいて大成功を収めた。この記事の批評としての価値もまた、そのおかげでより高いものとなっている。

　バオカップ体制に耐えかねて多くの場所で「規制破壊」が始まった。連載第3期から連続して証言を通して語られる当時の規制破壊の成果についての記事が始まった。ドイモイ以前のバオカップ時代についての話は、そのロジカルな順序に従って論じられた。人々の生活のあらゆる面における困難と不備から規制破壊の反撃行動が出現し始め、日増しにおおっぴらに、強くなっていった。バオカップ制度の廃止を求める運動が静かに、しかし力強く湧き起ろうとしていた。この行動はまさに国の政策への批評であった。

　「「竹垣」への攻撃」と題された第4期において、アンザン省の省委員会書記が生産者に農具を返却する方法を模索した事例から、規制破壊運動の記事が始まった。「これは、最初の一撃であり、省の合作社と農業生産集団の解体に決定的な性質をもっており、新しい打開の方向性を開いた。このような打開策の嚆矢、特にヴィンフー省、あるいはその後のドアンサー、ドーソン（ハイフォン省）の密かな土地分配のようなものは成熟に達

して、党中央委員会指示第100号を生み出すに至った（1981年1月）[38]。」

「ドイモイ前夜」の困難な状況において、人々は不利益にしかならないのにもかかわらず、時には自身の命や職さえも賭して大胆な打開策への道を開いた。第5期は工具や会社に情熱を注いだ社長の勇気による、タインコン縫製社におけるもう一つの規制破壊の成功例である。第6期は、ロンアン省々委員会書記長グエン・ヴァン・チンによる、給料の額を補てんするためバオカップの配給品を売るという規制破壊を行った話である。ドイモイ（革新）の思想をもった人々が集まり、国を想う心が結集して効力のある打開策が生まれたのである。タインコン社の成功から続々と他の製品のメーカーも「騒がしくなってきた」。

このような各地方での規制破壊は、各々の地方に日増しに広く、そして堂々と広がっていった。バオカップ制度の欠陥は日に日に明らかとなっていった。規制破壊運動は、初めの水面下で行われていた段階から、当時の国の指導者の会議や話し合いによって表に出てきた。ダラット会議、3日も続いたフックロン会議では、各々の社長が党や政府の指導者と直接に話し合った。これらの会議はドイモイ事業への新たな合図となった。ドイモイ大会と呼ばれる第6回党大会は、上に述べたような新しく出てきたファクターたちの情熱による暗闘と勇気の結果なのである。これもまたある時代の国家の体制、政策に対する批評であった。

編集部の取材員（ハン・チュック・グエン、スアン・チュン、クアン・ティエン）のシリーズはトゥオイチェー紙上に8期にわたり掲載されたもので、これが当初の編集部の意図したものであった。しかし、この初めの8期が掲載

---

[38] トゥオイチェー紙、2005年12月1日。

されてから、編集部は様々なところから送られる読者の、「前夜」についての手紙、文章、資料、写真などを受けとることになった。これにより、連載のそれに続く記事が書かれることになり、それは専門家、当事者の記事、そして読者の意見という内容となった。

1.2.2. 専門家のシリーズ

ハン・チュック・グエン、スアン・チュン、クアン・ティエンの各取材員の「ドイモイ前夜」数期分が掲載されている間、ドイモイ「前夜」の時代に関する多くの手紙や資料が編集部に送られてきて、それが、ある一つのテーマを普段トゥオイチェーでみられるような一つの記事へと発展させるための豊富な資料となった。「ドイモイ前夜」についての具体的な証言と談話は、日増しに豊富に厚くなっていき、記事に加えられていった。

専門家のシリーズの初めは、トゥーン・ライ（首相の研究チームのメンバーで元社会学院々長）の「新たな力」と題された文章だった。「ドイモイ前夜」についてすでに掲載されていた各期の記事、経験、そして研究から導き出された知見に基づいて、著者は「ドイモイ前夜」からの教訓を分析し証明した。その教訓とは、バオカップ時代の規制破壊活動において先頭を走っていた現在のホーチミン市にとっての教訓であり、そして新しい力でもあった。「トゥオイチェー紙が「ドイモイ前夜」と名付けた道程を振り返ると、ホーおじさんの名を冠した都市は、束縛や障害を乗り越える方途を模索し、道を開く事業の揺籃(ようらん)の地だった。思想のドイモイ（改革）は実生活から、具体的な面において始まり、人々の視野を拡げて無味乾燥な教条の

濃い霧の幕を払って、生活の真実に至る手助けをした[39]。」

明確で深い批評性がこの文章に発揮されている。これは研究者の批評性に満ちた研究成果、研究の結論のようなものである。「問題は、どのようにして足もとの潮流をすばやく掴み、下から上、上から下へという方向をタイミングよく結び付け、結合して、大きくなった力を新しい推進力、新しい局面を開くための運動と方法にそれを変えていくか、ということだった。それは、正に科学であり、指導の芸術ではなかっただろうか。」

2005年12月12日、トゥオイチェー紙は、経済史の専門家ダン・フォン氏の文章を載せた。それは、「輸出入、革新の養分」というもので、各地方と南部地方の生産拠点における体制の打開と、より効果的に利益を上げる貿易私企業の創立を目指した革新的活動について語ったものだった。しかし、後にそのモデルは放棄されていった。当時は市場経済モデルと集中経済モデルの間で闘争が行われていた時代だった。「貿易額について考えてみると、越僑を通じての外貨獲得は直接輸出入するほど大きな額にはならない。毎年の送金の総額は数千万ドルほどだった。しかし、当時の窮乏を解決するために、それはドイモイ「前夜」の時代において重要な役割を果たした。1980-1982年の3年間、「輸出入」の活動は急速に発展したが、それはホーチミン市においてのみならず、全国の各省に広がっていった。メコンデルタ、中部、そして北部の多くの省がこの活動方法を応用した。」

(中略)「旧体制が生み出した束縛を解くという面から考えると、議決01号と中央会議議決3号は、市場体制に至る道程においては後退だった。し

---

[39] トゥオイチェー紙、2005年12月6日。

かし、それは、「川で石を手探りで探」さなければならなかった時期においては避けられないことでもあった。1980年代前半は、まだ夜の明けきらない時期であり、集中計画体制と市場体制の綱引きが行われていた時期であったからである。もちろん、「輸出入」及びその他の規制破壊の大部分は、古い体制の束縛を一時的に克服するための臨時的な方法に過ぎなかった。正しい意味での市場経済に向かうためには、まだ代価を支払い続けなければならず、道のりは長く険しかった。[40]」

　また、2005年12月16日にも、トゥオイチェー紙上において批評家グエン・カック・フェー氏の大きな批評的価値をもつ文章が掲載された。それは、「「ドイモイ前夜」からの教訓」と題され、20年以上も前のことに関する連載とその現代にも通じる価値との関係について述べている。「この文章はまたより重要なことを言わんがために書かれたのだということに注意すべきである。それは、もし労働者（頭脳労働者も肉体労働者も含めて）、つまり歴史をつくる主体がもっと早く「束縛を脱ぎ捨て」ていたならば、もっと早くドイモイ政策が実現していたならば、ということである。歴史は巻き戻すことはできないのであり、ドイモイ事業もいくつもの成果をすでに挙げた今となっては、この問いの意義は幻想であり無益なものであろうか。私の考えでは、今回提起された問題は、（中略）ただの「古い話」ではない。現在でもまだ生活のルールに反し、国の発展を停滞させ、人々にとっての障害を生み出しているような規定や「体制」が残っている。従って、ドイモイ「前夜」の教訓は、時事問題としての意義を今も有しており、全国大会にむけて各地方が党大会を開いている現在、特にそれが言える。全国大会

---

[40] トゥオイチェー紙、2005年12月2日。

は、来たる時代におけるそれぞれの地方と我が国全体の活動のあらゆる面におけるドイモイ事業を継続する範囲と行程を決める、実質的には最高の権力をもつ場所なのであるから。[41]」

批評家グエン・カック・フェー氏が批評家としての視点から連載「ドイモイ前夜」に対する社会的な問題を批評したとすれば、それに続いて経済史の専門家ダン・フォン氏（ベトナム経済院、経済史班々長）は経済学者の視点から批評記事を書き、「ドイモイ前夜」から提起された問題を見直した。ドイモイの過程における優れた点と弱点が筆者によって深く入念に分析されている。それは、あるいは元の提起された問題よりもより高次の次元における議論になっている。「ドイモイを正式に定義し指導した文書というものはない。つまり、ドイモイがどこで、いつ、どのように始まったのか誰も公にしていない。社会全体が困窮、欠乏、閉塞感による焦燥に満ちていた。生活のあらゆる場面で、困難から逃れるための変化が渇望された。そして、ある日、我々は新しい局面に到達し、こう決定した。つまり、市場体制は歴史によって選ばれたものであり、ベトナムのドイモイは社会全体の生活から出された要求であって、進んでみて初めてそれが道になるという前例のない道である。

一方ソ連や東欧においては、国の脱皮が急激な変動を生み、たいてい血が流され、あるいは痛みや損失を負うことになった。中国では、変化は総合実践という形で現れ、上層部で思想、理論が準備され、その後人々に下され適用された。ベトナムの独自の方法は、下から上という方向の、活気のある、また革新しながら修正するというドイモイだった。つまり、具体

---

[41] トゥオイチェー紙、2005年12月6日。

的な結果を吟味して種を取り出し、そのあとで選択して広く応用した。このことは、政治を混乱させず、各社会勢力間の衝突も起こさなかった点で素晴らしいものだった。正しい結果が出た後に初めて実行に移したからである。しかし、速度が遅く、手探りで、不徹底であり、大変難しかったという点で限界があった。特別な要素が必要で、それがあって初めて実行に移せるので難しかったのである。[42]」

　批評性だけで考えれば、この専門家のシリーズにおいて、批評性が最もはっきりと表れており、どの面から考えても、最も深いと言えるだろう。

1.2.3. 読者の意見のシリーズ

　「ドイモイ前夜」の初めの記事が掲載されて間もない、2005年12月1日、トゥオイチェー紙の日常生活欄にバー・サイ・ゴンと署名のある読者の文章が掲載された。それは、自らの「配給手帳の記憶」を語ったものだった。それは記者たちとその連載を鼓舞する初めての読者の声だった。「その日の夜、末の弟は枕に顔をうずめて悲しそうに泣いていた。弟は犬を恋しがって泣いていた。犬は白く、利口でいつも弟たちと「おしゃべり」していた。米を買うお金をつくるため、私は犬を捕まえて袋に入れ、流しの犬買いから破れお札を何枚か受け取った。そのあとの悲しみから、我が家では二度と犬を飼うことはなかった。（中略）私にとっては、その日の夜は今でも続いている。それは、決して忘れられない「ドイモイ前夜」である。[43]」

　記者の連載が第5期まできたころ、編集部は、記者の記事を一旦休止

---

[42] トゥオイチェー紙、2005年12月16日。
[43] トゥオイチェー紙、2005年12月1日。

し編集部に送られてきたドイモイ前の時期の証言者の文章を載せることに決めた。それは、省委員会副書記、元アンザン省人民委員会主席のグエン・ミン・ニ氏の「遠い昔のように思われる」と題された文章(トゥオイチェー紙、2005年12月6日)だった。それは、アンザン省のかつての有力者で、ドイモイ「前夜」の内情、つまり当時の革新の明るい面を詳しく知っている人の話である。当時のバオカップの官僚的な制度下での生活において、嘘をつくという病が発生し、広がり始めていた。「皮肉って「この演壇は嘘をつくための場所だ！」と言った人もいた。つまりそれは、省委員会と党委員会は、多くの県や社が農業改革を「基本的に完了した」と報告してくるのは形式上のことだと知っており、だからといって誰も罰せず表彰状を出すかどうかは別の話だ、ということだったのだろう。」「県委員会書記が次のように述べたこともあった。「金がなかったが、よい新米が買えた。」ああ、日頃人々の米を安く買いたいておいて金がないとは、買っても次の苗にすべき分を蓄えてもおかないで、日々監督しているなどというのは全く説明がつかないことだ。[44]」

「遠い昔のように思われる」は、官僚的なバオカップ制度の暗黒時代を歩み、かつてアンザン省を指導してきたある老指導者の告白である。国の政策に対する市民の批評精神について、新しい制度への信頼は最も高い状態にある。「第4期大会から、まもなく第8期大会をむかえようとしている現在に至るまで、20年が経過するが、アンザン省委員会は、ドイモイの中で教育され、訓練された委員たちとともに本当に成長した。それは、市民のためということが何よりも大切であり、その後に初めて上の階級があ

---

[44] トゥオイチェー紙、2005年12月6日。

るのだという心をもった委員たちである。彼らは代価を払うことを惜しまない。私は今年60歳で、今回の省の大会の演壇を最後に一般市民としての生活に戻っていくが、続く仲間の委員たちを見ていると、とてもうれしくなる。それはドイモイ事業における彼らが見せるエネルギーと知恵、そして経験のせいだろう。そして、彼らはドイモイの夜明けに照らされながら、これからの道の上にあるだろう陥穽(かんせい)や障害を乗り越えていくだろう。[45]」

　これは、連載「ドイモイ前夜」が獲得した初めての成果であった。読者は声を上げ、意味のある声を寄せ始めた。グエン・ミン・ニ氏だけでなく、様々な場所の多くの読者が文章を書き編集部へ送った。「ドイモイ前夜」は「温故知新」、ともに過ぎた過去のことを捉え直し、現代の問題について語るための演壇となった。そのことが、トゥオイチェー紙の「ドイモイ前夜」が、読者自身の困難な生活についての記憶を呼び覚ますことによって、読者の注意を引きつけたということを証明している。

　2005年12月13日のトゥオイチェー紙のルポルタージュ面が送られてきた読者の意見を載せている。これは、編集部の記者たちの「ドイモイ前夜」の記事を補足する話である。それは、年次休暇で帰ってきた兵士のチュオン・ドゥック・タンさんが袋麺を家族へのおみやげにしたという惨めな顛末であり、またホーチミン市腫瘍学センター副センター長のゴー・ヴァン・クイさんが患者の飢えを癒すために3トンの米を送った話である。そして、ダン・フォン氏の辛くも涙するほど感動的な話であった。それは、研究者や技師、医師などといった人が教育を受ける、それも農民にはかなわないのに芋や小麦を植えるだけのために教育されるという話だった。「結局、計り

---

[45] トゥオイチェー紙、2005年12月16日。

知れない時間と費用、そして労力を浪費した結果、得るものは何もなかった。それにもかかわらず、まだ「いずれにしてもあいつらは芋とキャッサバを栽培することができ、社会に幾分かは食料を提供したのだから、何もしないで座っているよりはましだ。」などと言う幹部もいた。蓋を開けてみれば、計り知れない経費を使って、研究者や技師、医師などを教育し畑仕事をさせた挙句、一人の農民にすらかなわないといった結果になったのである。

　それでもまだ、そのような指導は一時期、堅実な主張をもったものとみなされていたことがあった。ホーチミン市のような革新の方向に従った制度の解体などを誤った方向であると言う人も少なくなかった。非常に幸運なことに、もし、「方向を誤る」ことなく、上に述べたような正しい方向に従って芋やキャッサバを植え続けていたら、現在「我々市民がどうなったか」分かったものではない。[46]」

　これらの意見に続いて、バオカップ時代の感動的だが辛い話が掲載された。それらは、国の現在の施策を直視し批評することにとって有益な意見である。2005年12月2日のトゥオイチェー紙の「私たちの声」欄に読者のレ・タイン・フォンさんの意見が載った。その内容は堕落した現状についてのかなり率直な批評だった。「まだ貧困の中で生活している人々が少なくないというのに、現在でも私たち市民は国の役人の良くない行為を見聞きします。人々が真の意味で「市場経済」時代の生活を享受でき、「現代のバオカップ時代」における何か別の様式の下で苦しまないように、国家機構から汚職や賄賂を無くす強い方法を講じる時に来ているのではないで

---

[46] トゥオイチェー紙、2005年12月13日。

しょうか。[47]」

　また、ドー・ドゥック・フォンさんは2005年12月23日のトゥオイチェー紙において以下のように批評している。「トゥオイチェー紙の連載「ドイモイ前夜」は、どこにでも果敢に考え、果敢に行動し、果敢に打開していく人がいて、そこではきっと成功がもたらされるのだということの証明を、説得力をもって実践した。

　それは正に人間についての教訓である。国のドイモイ事業には、その始めの土台を築くためにレンガを積む多くの才能があり、能力があり、積極的で、創造的な人物が必要だった。不自由な環境を甘受せず、枠に従って行動することを好まない人は、常に模索し、声を上げ、今自らが持っているもの、所有しているものに決して完全には満足しないのである。[48]」

　タム・ラムさんは、現在我々が進んでいる正しい道を信じているが、当時の地方幹部の懸念を述懐する。「ドイモイの黎明が訪れようとしていた時、ある地方の幹部が私たち若い職員に反対してこういったのです。「農産物は高くなって買えなくなり、各地方の良質な商品はあふれて価格は安くなる。我々公務員は職を失う。もうすぐ我々は食えなくなる。」その時は私たちも彼と一緒に心配になりましたが、それからよく考えると、とても可笑しいですね。私の地方は日に日に豊かになりましたから。だから、ベトナムが国際社会に参加し、WTOに加盟すれば、我々公務員は失業して間もなく食べるにも困るようになるなんて言う人がいますけど、私はもう信じま

---

[47] トゥオイチェー紙、2005年12月19日。
[48] トゥオイチェー紙、2005年12月23日。

せんね。[49]

　これもまた我々が実行しているドイモイに対する一つの批評である。

---

[49] トゥオイチェー紙、2005年12月19日。

2. 連載「ドイモイ前夜」における社会批評性

2.1.「反行動」性

　批評について述べることは、「反行動」性について述べることである。もちろん、すでに一般理論の箇所で述べたように、「反行動」は反動ではない。「反行動」とはもっとも通用している意味に従って解釈すれば、行動に対する反応の一形式である。積極的に反応するか、消極的に反応するかは行動の性質によるが、社会批評の反行動は通常積極的な目的をもつ反応である。報道にとっては、報道のあらゆるチャンネルに正当な方法で載せられた情報は全て社会批評となりうる情報である（通告、私信、広告などの様式のものは除く）。

　連載「ドイモイ前夜」においては、反行動性がはっきりと現れていた。ここでの反行動は、二つの面に分けられる。広い面、つまり概説的な性質をもつ面と、狭い面、つまり具体的な性質をもつ面である。

　「広い面」において、この連載は、来たる第10回党全国大会に重心を置いた注目すべき問題に対する反行動だった。連載開始の編集部のことばは明確に述べている。「南部解放、祖国統一の日の後、国全体がどこもかしこも衣食を求める闘いに汲々とする困難で極貧の状態に陥り始めた。それでも、社会の活力は枯れ果て、衰退するということはなかった。規制破壊、自力自助の運動が起こり、バオカップ体制の居城に攻め込んだ。メルクマールとなった第6回党大会（1986年）がドイモイ時代を開いた。「思想のドイモイ（革新）」が教条に対しての闘いを実践することを認めたのである。しかし、そこから得られる教訓は、今に至ってもまだ時事問題としての

価値を有しているにもかかわらず、ドイモイ「前夜」の時期が思い起こされることは少ない。[50]」

このように、その時期を思い起こすことは、記憶にとどめるべき歴史の教訓、つまりその状況を正しく認識して現代の問題に適切に対処するべき歴史の教訓、を思い起こすことでもある。教条主義的になることは、党にとっても、市民にとってもよくない。古い時代の話を振り返って今日の教訓を探すことは、巧みであり同時に効果のある批評の方法である。

間もなく始まる全国党大会を目前にして、トゥオイチェー紙のこの連載は、大会に対する一種の「反行動」である。現在、全国で党大会文書への意見具申戦が展開されているが、「ドイモイ前夜」はトゥオイチェー紙の率直で、誠心からのユニークな意見である。新しい生活にたいする喜びや幸福を表した意見や建設的、警告的、反省的な意見など様々な意見が連載の中に次々と述べられている。「私は今年60歳で、今回の省の大会の演壇を最後に一般市民としての生活に戻っていくが、続く仲間の委員たちを見ていると、とてもうれしくなる。それはドイモイ事業における彼らが見せるエネルギーと知恵、そして経験のせいだろう。そして、彼らはドイモイの夜明けに照らされて、これからの道の上にあるだろう陥穽(かんせい)や障害を乗り越えていくだろう。[51]」

「物事の帳尻が合ってこそ、秩序も階級もあり得る。何よりも産品が下から上にいくばかりで、上から下には流れて来ないということだ。問題は、どのようにして足もとの潮流をすばやく掴み下から上、上から下へという方

---

[50] トゥオイチェー紙、2005年11月30日。
[51] トゥオイチェー紙、2005年12月6日。

向をタイミングよく結び付け、結合して大きくなった力を新しい推進力、新しい局面を開くための運動と方法にそれを変えていくか、ということだった。それは、正に科学であり、指導の芸術ではなかっただろうか。[52]」

「この数年間、誰一人、ドイモイをよく思っていない人でさえも、我が国の多くの面におけるドイモイをもはや否定することはできなかった。トゥオイチェー紙上に掲載された「ドイモイ前夜」の中のそれぞれの記事は20年以上も前に起こった、「遺跡」のような話を振り返っている。」

「「ドイモイ前夜」の教訓は時事問題としての意義を今も有しており、全国大会にむけて各地方が党大会を開いている現在、とくにそれが言える。全国大会は、来たる時代におけるそれぞれの地方と我が国全体の活動のあらゆる面におけるドイモイ事業を継続する範囲と行程を決める、実質的には最高の権力をもつ場所なのであるから。[53]」

「狭い面」においては、具体的な問題が提起され、検討、批評が加えられている。実際には、「狭い面」における反行動の最終的な目的は、「広い面」における反行動に資するということである。具体的な批評は、社会批評へと進んでいく「広い面」での批評のためのものである。このように、「狭い面」での反行動はより具体的でより詳しく、詳細な社会批評を助けるのである。

この連載では、それぞれの期で、それぞれのバオカップ時代の問題に具体的に、詳細にわたって言及したそれぞれの意見が掲載されている。どの問題においても、具体的な人物の具体的な話が語られている。そし

---

[52] トゥオイチェー紙、2005年12月6日。
[53] トゥオイチェー紙、2005年12月6日。

て、掲載された各々の話が全て批評、具体的には反行動の視点で見直されている。それは、教師のグエン・ヴァン・ハン、運転手のチャン・ヴァン・タイン、そして3月8日縫製工場工員のディン・ティ・ヴァンなどの話を借りた、配給切符の制度に対する反行動である。

　それはまた、市場のルールを無視して上から押し付けられる指標の制度に対する反行動の声でもあった。タイグエンの石炭会社、タインコン縫製社、ホーチミン市の缶詰輸出企業、ホーチミン市の合同経営私企業などにおける話を、ブイ・ヴァン・ロン、グエン・スアン・ハー、チャン・ヴァン・カンなどの具体的な人物とともに語っている。

　また、それはチン・カン氏（元ロンアン省々委員会書記）、トゥ・タイさん、チャン・ドゥック・グエンさんなどの話を通して語られる川岸での市場（いちば）が禁じられた環境におけるバオカップ時代の商売の話だった。

　そして、サウ・ザン氏（元首相のヴォー・ヴァン・キエット）、グエン・ヴァン・ホン（当時のアンザン省々委員会書記）、バイ・フォン（当時のドンタップ省主席）、グエン・スアン・ハー（当時のタインコン縫製社々長）、キム・ゴック（ヴィンフー省々委員会書記）、ヴォー・トン・スアン教授（アンザン大学）などの人たちのドイモイのための規制破壊の話であった。

　全ては、読者のゴック・ルアン（ヴンタウ省）が編集部へ送った手紙の中に言い表されている。「今まで、私を含めた我々、それはゆっくりと進行する映画のようなバオカップの10年間を「享受」した世代ですが、そのそれぞれの心の中には、悲しみと喜びがまざり合っているのです。」

2.2.「ドイモイ前夜」の主要部分の目的

　一般理論の箇所ですでに述べたように、どんな批評活動でもその最終目的は、提案、協力するということであり、排斥したり否定したりすることではない。トゥオイチェー紙上に掲載された連載「ドイモイ前夜」の意義もまた例外ではない。社会批評の技術によってそれぞれ表現が異なるが（次節、当連載における社会批評の技術を参照）、しかし、どれも建設的な目的に沿った率直で誠実な提案である。

　連載の着想の項で述べたように、この連載を始めようと考えた動機の中の一つは、第10回全国党大会に対し、独自の意見を出して貢献したいということだった。従って、記事の最高にして最終的な目的は、提案して協力するということだった。この目的は、編集部に送られてきた読者の文章における分析、記者の記事の文章に秘められた意味、専門家たちの分析と評価を通してはっきりと見て取ることができた。

　この連載の第一の提案は、国家機構から汚職や賄賂を無くし、人々が衣食の足りて幸福な生活を営めるようにしなければならない、というものだった。バオカップ時代の話はとても遠い昔のようだが、しかし実際は、この国のどこかでまだ過酷な人生があり、貧しく困窮した生活を送っている人がいる限り、それはまだ今日的な意味をもっているホットな話題なのである。まだどこかに官僚的で、威張って、権力を笠に着たような役人が残っている。記事は遠い昔を振り返ったものだが、とても現実味があり、今日的な価値を持つものである。だから、読者のレ・タイン・フォンが、編集部に送った意見の中で言っているように、現在の党に課せられた重要な役割の一つは、「人々が真の意味で「市場経済」時代の生活を享受でき、

「現代のバオカップ時代」における何か別の様式の下で苦しまないように、国家機構から汚職や賄賂を失くす強い方法を講じる必要がある[54]」ということである。

「ただの「古い話」ではない。現在でもまだ生活の法則に反し、国の発展を停滞させ、人々にとっての障害を生み出しているような規定や「体制」が残っている。従って、ドイモイ「前夜」の教訓は時事問題としての意義を今も有しており、全国大会にむけて各地方が党大会を開いている現在、特にそれが言える。全国大会は、来たる時代におけるそれぞれの地方と我が国全体の活動のあらゆる面におけるドイモイ事業を継続する範囲と行程を決める、実質的には最高の権力をもつ場所なのであるから。[55]」

従って、我々は事実を、勇気をもって直視し、間違いを認めて同じ轍を踏まないようにしなければならない。

第二の提案は、党はドイモイ事業を継続し、途切れさせることなく、自らの体制、政策のマイナス面や欠陥を改善し、主観的で法則を無視したやり方をしないようにしなければならないということである。不断にドイモイ（革新）し続けるだけでなく、現代の限界を克服するために一旦正しい方向というものを確認したならば、躊躇せずに決断しなければならない。バオカップ時代においては、躊躇こそが国のドイモイの進展を遅らせ、発展の機会の到来を遅らせた。「以前は、どっちつかずの、守りの態度こそが新しい要素を阻害する力となってしまった。この姿勢は党と社会主義の名を借りて、新しいものを、道を誤ったものとみなした。しかし結局はその道

---

[54] トゥオイチェー紙、2005年12月2日。
[55] トゥオイチェー紙、2005年12月16日。

を誤ったとされたものが正しかった。そこで我々が支払わなければならなくなった代償は、国が何十年もの間新しいことに挑戦しなかったこと、社会が発展の機会を失ったこと、競争する機会を逸したことであった。それもとても残念なやり方で。」

　昔の出来事を思い起こすと、ドイモイや「規制破壊」を発展のための原動力であると積極的に評価できる。一方、少なくない数の現代の政策、体制にもまだ避けがたい未成熟な部分が残っている。そして、我々の任務はドイモイを継続してそれらを克服することである。「コラム「ビーのモーニングコーヒー」は、昨晩お褒めの言葉をいただいた。「あなたが言っていたドイモイ「前夜」の記事はとても面白くて、とても正しく、そして当時を振り返ってとても共感できるものでしたね。」しかし、喜びを感じる間もなく、相手は答えに窮する質問をした。「だけどね、昔を思い起こして、自分たちを変えていくと言うが、じゃあドイモイの「後日」はどうなった？」ドイモイの「後日」？ビーはコーヒーを口に含んだままだった。相手は続けた。「もう何年もドイモイをやっているが、企業を興そうと思えば登録を申請しなければならないし、水道メーターを設置したり所在地表示を取り付けようとしてもずっと待たされる。料金を払って電気を使ってもその電気メーターが偽物だったり、浄水を使っているはずが汚れた水が出てきたりする。（中略）彼は言った。「ドイモイ「後日」の話はまだ長く続く。「規制破壊」はまだ何にも終わっていないのだ。[56]」

　第3の提案は、各々のレベルの指導者層にバオカップ制度時代の先輩たちに倣い、常に積極的に革新し、機会をとらえて大きな発展をなし遂げ

---

[56] トゥオイチェー紙、2005年12月8日。

て欲しい、ということである。連載第9期(バーディンに送られたメッセージ、トゥオイチェー紙、2005年12月9日)は、上の世代の勇気と決心の成果を振り返り、評価し直すというだけでなく、権力をもつ人民の(人民に奉仕するための)指導者層を勇気づけ、鼓舞する言葉である。「諦めた人がいなかったわけではない。多くの人が、困難や危険に対してではなく、妻子の涙や制止に対して思想闘争をしなければならなかった。もっとも意志堅固な人でも思い悩むことがあった。しかし彼らの純粋な革命の炎と闘争精神こそが、バーディンに送られた強いメッセージだった。[57]」

「全党が心を一つにしてそれを打ち破った。アンザンの党支部はその先頭に立った。様子見する、あるいは「革命堅持」を謳う「事なかれ主義」の者も少なくなかったが、革命の嵐は防ぎようがなかった。そして、1986年、来るべきものが来た。党の第6回大会は時代を画す記念碑であり、国の歴史の中でその記念碑を打ち立てることに貢献し、人々がいまでも思い出す、チュオン・チン、グエン・ヴァン・リン、ヴォー・ヴァン・キエットなどの人物はドイモイの「開国の功臣」なのだ。[58]」

「我々は、誰でもドイモイが実際は古いものへの回帰、より正確には人生の法則に合致した、市民の心に合致した体制(川岸での市場禁止の廃止、自分の土地に対する農民の権利の回復など)への回帰であったということを知っている。それは、丸十年にもわたってつらい「研究」(1986年までのバオカップ制度への闘争が終わったときのそれを表す言葉)をしてきた結果、革新されたのでは全くない。それは、権力をもつ者が間違った時

---

[57] トゥオイチェー紙、2005年12月9日。
[58] トゥオイチェー紙、2005年12月6日。

代の枠組みの中で諦めることなく、生活の要求を、人々の要求を静かにじっと聞いていたからこそのことだった。[59]」

　第4の提案は、公布される党の政策は市民の利益を出発点とし、市民のためであるべきだ、ということである。また同時に、党は市民の力を解放し利用できなけれはならず、特にベンチャー精神を支持して、国の発展における市民の創造を激励しなければならない。バオカップ時代の現実が証明していることは、公布された政策は人々の心に合致せず、大多数の人々の身近な利益に寄り添っていなかった結果、ただ彼らを苦しめ、国の発展の歩みを邪魔するだけだった、ということである。

「だが、11年が経過して、誰もが気付いた。

　幸福の道は身近にはなく

　愛国の士たちが、頭が白くなり

　目を閉じるその時まで考え抜いても

　貧乏で米を求めての東奔西走は終わらない。

　なぜなら、我々は何百万もの人数がいながら、政治家は孤立して、人々から遠く

　遠い道の上におぼろげな影しか見えない。

　上から命令するのをやめろ、脅しつけるのもやめろ

　遠く霞む天上高くからの命令

　仏門からの慈悲の心が発せられるが

　それもまた、ただの祈願の言葉である。

　崇高な考え、幸福は

---

[59] トゥオイチェー紙、2005年12月16日。

精神からではなく、日々の生活から得られるものでなくてはならない。

「物事の帳尻が合ってこそ、秩序も階級もあり得る。何よりも産品が下から上にいくばかりで、上から下には流れて来ないということだ。問題は、どのようにして足もとの潮流をすばやく掴み下から上、上から下へという方向をタイミングよく結び付け、結合して大きくなった力を新しい推進力、新しい局面を開くための運動と方法にそれを変えていくか、ということだった。それは、正に科学であり、指導の芸術ではなかっただろうか。[60]」

「この文章はまたより重要なことを言わんがために書かれたのだということに注意すべきである。それは、もし労働者(頭脳労働者も肉体労働者も含めて)、つまり歴史をつくる主体がもっと早く「束縛を脱ぎ捨て」ていたならば、もっと早くドイモイ政策が実現していたならば、ということである。歴史は巻き戻すことはできないのであり、ドイモイ事業もいくつもの成果をすでに挙げた今となっては、この問いの意義は幻想であり無益なものであろうか。私の考えでは、今回提起された問題は、今でも必要、もっと言うと緊急でさえある。」[61]

第五の極めて重要な提案は、門戸開放の時代において、我々は世界と手を結び、グローバル経済に参入したことで、遠く広い視野がますます重要視されるようになり、差異や反目、派閥などを一掃するための団結精神もいつにもまして大切にされなければならなくなってきている。「以前は、規制破壊に「頼って」自分たち自身の可能性を解放した。しかし、今、もし我々が共通のゲームに参加するならば、マクロの視点に立って遠く広

---

[60] トゥオイチェー紙、2005年12月6日。
[61] トゥオイチェー紙、2005年12月16日。

い視野で物事を見て、総力を以て世界を開拓し、世代や過去そして反目や党派の違いを除いていかなければならない。共産党精神あるいは社会主義も結局は国の豊かさのため、市民が賛同するもののためであってこそなのである。」[62]

「ドイモイ前夜」の教訓は、第6回全国党大会に多大な影響を与えた。それは、民族の歴史において重要なメルクマールとなった大会であり、固有名詞としてのドイモイを冠する(ドイモイは本来「改革、革新(する)」を意味する一般名詞、あるいは動詞：訳者注)ドイモイ大会であった。思うに、過去の出来事から現実を見つめ直し、グローバル化と発展の道におけるより新しい状況に対して準備をするには、この「ドイモイ前夜」の話から得られる社会批評の価値はいつにもまして大きい。第6回と同様、民族の歴史における重要なメルクマールとなる第10回全国党大会を目前に控えている今は特にそうである。

2.3.「ドイモイ前夜」の社会討論における専門性

報道活動とは、情報伝達という架け橋を通じた政治・社会活動である。報道機関は、「現在ある技術的手法を用いて記者の創造の成果を周りの世界に伝える。そのため、情報伝達が報道の主な役割である(技術的手法を用いて記者の創造作業の成果を知らせるという意味において)。(中略)報道活動において、情報伝達は記者が自分の目的を実現するための主な道具である。情報伝達が報道機関と読者の間の架け橋となる。」[63]

---

[62] トゥオイチェー紙、2005年12月16日。
[63] ズオン・スアン・ソン、ディン・ヴァン・フォン、チャン・クアン『報道通信理論の基礎』、2004年、ハノイ国家大学出版社、55頁

情報伝達を自らの活動の道具として使用するということから、報道活動が専門的な活動であるということが分かる。情報を読者に伝える過程において、報道機関は言語(広い意味での)を伝達の手段とする。そして、明らかに、情報伝達活動が専門的な活動であるならば、その伝達手段もまた専門的でなければならない。

　「社会批評は討論の中でも専門レベルのものであるため、二つのグループの参加が必要である。一つ目は専門的に述べるグループであり、二つ目は専門的に考えるグループである。述べる前に考える必要がある。専門的に考えるのは知識人であり、専門的に述べるのは報道人である。社会批評とは、社会的グループ同士の間の、あるいはそれと権力者との間の論争であり、それは政策あるいは指導的性格を伴う行動に政治的正確さをもたせるためのものである。そのため、この二つのグループの参加がなければ、それは単なる社会の反応であって、社会批評ではない。」。連載「ドイモイ前夜」においては、トゥオイチェー紙の「述べる」部分についての専門性は、社会批評を行うにあたっての自らの役割を意識したものだった。

　まず、第一に、微妙な政治問題に切り込みながらも、衝突を起こさず、批評の対象に不快な思いをさせなかったことは、「プロの叙述」の現れである。この連載では、過去の話を使って現在の問題を思い起こさせたことによって、問題の緊張感がかなり軽減された。実際、「ドイモイ前夜」の過去における問題もまた極めて重い問題であり、ある一つの制度全体の痛ましい過去ではある。しかし、その過去は誠実に見つめ直され、歴史によって誤りであったとすでに認められているものである。そのため、その歴

史を振り返る際も、重く緊張した空気は軽減されるのである。

　第二に、編集部の情報（記者たちのシリーズ）と読者の情報、そして専門家による科学的情報を結合して批評すべき問題を分析し明らかにしたことは、「プロの叙述」の現れである。この連載では、読者と経済、社会の専門家のシリーズが加わったことによって、記者たちのシリーズの説得力と批評の力が増すことになった。三つのシリーズが連載に総合的な力を付与している。

　第三に、出来事とその情報そのものに批評すべき問題を語らせていることも「プロの叙述」の現れである。この連載では、いくつかの話、バオカップ時代に実際に生きていた当事者、そして専門家の分析や評価などから、自然と現在の問題が明らかとなる。連載「ドイモイ前夜」を読むと、読者は深い感動やある困難な時代を見つめるだけにとどまらず、より重要なことには、この連載の示唆とオープンエンドから、読者は現代の社会、体制、政策の問題について考える。これが、この連載の一つの成果である。

3. 連載「ドイモイ前夜」を通してみる社会批評の技術

　批評の内容、対象、主体によって、多様な批評活動の方法がある。それぞれの場合でその様式も異なる。社会批評一般の内部でいえば、チャン・ダン・トゥアン氏は批評の類型を、狭い範囲の批評と広い範囲の批評の二つに分けている[64]。

　報道活動は政治・社会の情報を伝えるという種類の活動である。そして、ある特定の単位による報道はつまり報道内容である。報道機関の性質、規範、機能、役割などは皆、具体的には新聞記事という単位の報道内容に現れる。報道機関の社会批評の機能はどのような面に現れようとも、報道内容から出発する。報道機関は報道内容を通して社会批評を行う。そのため、もし社会批評の技術を範囲の広狭によって分類するとすれば、あまりに表面的で不徹底な分類になってしまう。そこで、報道機関の社会批評の技術は二つの方法に従って分類することが可能である。それは、内容を通してみる、批評の技術と形式を通してみるである。この分類方法は、報道の社会批評の独自の特徴に従ったものである。報道の社会批評とは、具体的に言えば新聞記事という単位の報道内容を通しての批評である。従って、連載「ドイモイ前夜」の社会批評をこの方法によって分類してみる。

---

[64] チャン・ダン・トゥアン、『社会批評-生活から提起される問い』、ダナン出版社、2006年、175－199頁。」

3.1. 問題提示の技術

3.1.1. 現在の問題を批評するために過去の問題を使う

これは、連載「ドイモイ前夜」の最も特徴的な、そして全編を貫く方法である。これは、方法であるだけでなく、ある種の技術である。過去の問題を使って現在の問題を批評するのは、決して一種の回避、つまり敢えて現在提起されている問題に直接向き合わないというわけではなく、批評の技術である。上述したように、社会批評とは利害対立を討論と理解に変えることである。従って、社会批評を行うとき、それは批評すべき問題に対していつも直接に言及しなければならないということを意味するわけではない。

批評は一つのプロセスであり、そのプロセスを遂行するためには一定の技術が必要である。そして、過去を取り上げて現代を考えることは歴史的な視座からの見方である。問題を系統的にとらえることは、科学的で正しい考え方である。

この批評技術をうまく使うには、選択された過去の問題が、現在批評したい問題と一定の関連を持たなければならない。

連載「ドイモイ前夜」について具体的に言えば、現在の批評すべき問題とは、第10回全国党大会—グローバル化と発展の時代の大会に対して提言をするということである。そして、ドイモイ「前夜」の時期を選び、決定的に大切な時期、つまり第6回全国党大会-ドイモイ大会の前提をつくった時期の問題を掘り起こすことは全く理にかなっている。ドイモイ大会に至るまでに、ベトナムは認識を誤り、進む方向を誤ったため、困難な貧窮した10

年以上もの歳月を過ごすという形で代価を支払った。そのため、グローバル化と発展の時代の大会を前にして、党は慎重にそして賢明に自らの歩みを進め、このグローバル化しつつある現在において、歴史が繰り返さないようにしなければならない。「世界とのゲーム」を受け入れるということは、もし道を誤った場合、ドイモイ以前の時期に比べて何倍も高い代価を支払わされるということなのである。

「ドイモイ前夜」と第10回全国党大会との相関関係はこの点にあり、また、この連載の批評的な価値もまたその点にある。

3.1.2. 社会批評の一部としての個人批評

「社会批評」についての一般理論の箇所で分析したように、社会批評の対象となる問題は通常広く影響を及ぼす問題であり、どの角度から考えても、抽象的な問題である。従って、社会批評を行うに当たって、それを行う者は問題を細分化して批評しなければならない。つまり、個人批評から出発して社会批評を行うということである（ここで個人批評というのは具体的で細かい問題の批評という意味で理解する）。この方法によって、問題は結局はより明らかに、説得力のある形で、徹底的に批評されることになる。

いやしくも民主的な社会であるならば、その社会は人々の生活と密接に関係した小さな民主的権利に依拠すべきである。グエン・チャン・バット氏は以下のように主張する。「大きな要求の全てを細分化すべきである。まず、人々の暮らしに関係のある小さな権利を打ち立てることによって民主的価値を造る。そして、そのような小さく控えめなものは、我々市民がそ

れを必要とするだけではなく、権力をもつ政治家の子弟にとっても必要なものであると分かる。政治家たちは我々の要求を、彼らの子弟の要求と比べてより身近に感じ、その要求にいかなる政治的な危険を感じることもない。言い換えると、我々は、自分たちと彼らの間に実に人間的な政治的共感をもつことができる。それこそが、報道活動の目的であり、最も優れた方法である。[65]」

　この方法は、連載「ドイモイ前夜」において明確に現れていた。10年も続いたある時代について全体的に批評するということは、一般的な分析、評論、評価をする記事を数編書く程度では不可能なことである。よしんばそれを評価し得たとしても、それは表面的で説得力のないものになってしまうだろう。今回、トゥオイチェー紙はその道を選ばなかった。全体的な評価や考察の代わりに、記者たちは当時の社会生活の細部まで深く切り込み、具体的な個人の人生や活動を蘇らせることで、読者に当時の国の状況を自ずから想像できるようにしたのである。それでも、最後には全体の評価や考察、分析などを行ったが、それは専門家と読者が行ったものであった。更に、それらの考察や評価は、読者が当時の社会におけるあらゆる面の状態について、かつての「ゆっくりと流れる映画」のような時代を振り返った後に掲載された。そのおかげで、連載は主観的、教条的なものにならず、批評の力も高まったのである。

3.1.3. 社会批評に総合的な力を与えたシリーズ化

　これは、トゥオイチェー紙上でよくお目にかかる手法である。編集部の記

---

[65] グエン・チャン・バット『未来との対話』、作家協会出版社、2010年、580頁。

者によるシリーズに加えて、読者の反響が重視され、記事の内容やその問題を扱うことへの説得力や社会批評性を増すことに貢献する要素となっている。編集部が報道の効果というものを正しく認識していることは、市民の議論の場としての報道の役割を適切に果たしていることからも分かる。トゥオイチェー紙は現在読者が最も信頼を寄せている新聞の一つである。読者がトゥオイチェー紙に行きつくのは、彼らが紙上に自らの役割とその声を見出すからである。報道における社会批評の最終的な目的は、より民主的な社会を造り出すことである。その社会は市民が主となるものである。従って、市民が信頼する新聞紙上に自らを見出せるようにならなければならない。

「20世紀の20年代から、市民の見識の程度がまだ低かったため、市民に代わって記事を書く記者は、すなわち読者の考えや願望を表明する者であった。それが1980年代になると、文化の程度が高まり、読者自身が新聞紙上、ラジオ、テレビなどで仲介役を必要とすることなく、自分自身の観点を述べることができるようになった。ドイモイ前の新聞上でよくお目にかかったような、お説教じみた理論や、記者の考え方の押し付け、基本的な真理の繰り返しはもう通用しなくなった。読者、視聴者たちは自らの意見を尊重される必要がある。彼らは、対話や討論が好きで、全ての情報のチャンネルにアクセスできることを求めている。[66]」

　編集部によるシリーズの他にも別のシリーズ(それは別の情報チャンネルだと理解することもできる)を用意する方法により、その中でも特に注目

---

[66] グレベニコフ、『市場経済下の報道』レ・タム・ハン、グー・ファン、ドイ・ティ・キム・トァ訳、情報通信出版社、2003年、297頁。

すべきは読者の反応のシリーズだが、編集部はその連載の内容と取り上げた問題に客観性と説得力を持たすことができた。それに加えて、この方法は、社会批評に対して総合的な力を与えている。

　実際に、連載「ドイモイ前夜」はそれを証明している。ハン・チュック・グエン、スアン・チュン、クアン・ティエンの記者グループの9期にわたるシリーズに加えて、専門家と読者のシリーズは広く深い議論の場を造り出した。そして、記憶の中に遠く霞んでしまっているが、今でも時事問題として価値を持つ問題に対して様々な層の関心を呼び起こした。

　編集部の情報伝達の仕方という点では、この方法はまさに「情報後」の問題を通して情報に影響を与える方法である。新聞紙上に内容が掲載されることは、記者と編集部の情報伝達の役割が終わったことを意味しない。多くの問題が、さらに「情報後」について言っても、それは掲載された問題よりも複雑で重要である。それは、現代の報道に課された喫緊の問題である。情報伝達の問題だけでなく、報道は多くの読者の支持を争い、それを呼びかけていかなければならないのである。読者の声は、どんな報道内容よりも社会批評の力をもっている。

3.2. 報道内容のスタイル、言語、構造にみる社会批評の技術

　社会批評は、特に連載「ドイモイ前夜」の、そして広くトゥオイチェー紙の長所の一つである。よい内容というものはよい形式があってこそ、その内容の長所を余すことなく伝え、表現できる。この項では、連載「ドイモイ前夜」の形式を通し、とりあえず二つの方向から社会批評の技術を考えてみたい。二つの方向とは、スタイルと言語（広い意味での）である。

3.2.1. スタイル

スタイルは、情報伝達の形、問題の解説の方法、情報の配置、言語などを決める際に、批評の価値に対して重要な役割を果たす。すべての種類のスタイルが、そしてもちろん報道のスタイルもそれ独自の強みをもち、混同することはできない。しかし、内容を表現するためにどのスタイルを選択するかは、客観的、主観的な要素、例えば資料、当該事件、何を強調するか、書き手の見識などによる。

「報道スタイルの正しい選択は、記事の質と成功に大きな影響を与える。それは単に表現形式を決定するものであるからというだけでなく、何よりも対象の研究であり、その内容の分析であり、記事の扱う範囲と目的を決めるものだからである[67]。」

10年にも及ぶ国の歴史におけるある時期、それも特別な出来事、印象的な状況、奇妙と言えるほどの一つ一つの事件、そして歴史的な大革新があった時期について語るためには、おそらくルポルタージュ以上に相応しいスタイルはなかっただろう。

しかし、この題材について書く際に一つの困難があった。それは、歴史の中に遠く霞んでしまっているため、もはや記者がそれらの出来事や状況、一つ一つの事件を直接目撃できないということである。それらを記事に再現するために、記者には歴史的資料や当事者を探すこと、そして関連分野についての一定の見識が要求される。連載「ドイモイ前夜」の記者たちが自分の記事に資料によるルポルタージュを選択したことは、全く理

---

[67] ディン・ヴァン・フオン、『通信社の報道スタイル』、ハノイ国家大学出版社、2006年、9頁。

にかなっていた。

3.2.2. 言語

「多様な伝達内容を紙面の限られた面積の中に収めるための方法はほとんど一つしかない。それは言語である。報道言語は、第一に、そして主に、社会言語学の分野である。報道言語の使用の問題は、報道の効果に対し直接的で最も決定的な影響を与える。[68]」

連載「ドイモイ前夜」は主に資料によるルポルタージュという形で書かれた。従って、社会批評としてのこの連載の言語を考察する時、ルポルタージュの言語という観点から考察しなければならない。報道言語について述べる時、通常二つの言語系統に分類する。それは、文字の系統と非文字の系統である。従って、この連載の言語を考えるにあたって、順番にそれぞれの角度から検討していく。

3.2.2.1. 文字の系統

筆者、登場人物、タイトルに使われた言葉もすべて考察の対象に含める。

「ある現実について述べ、考察する際、述べている「私」、つまりルポの筆者は、常にそれを読む読者に対して客観的に、あるいは自身が扱う現実に対しても客観的、平等に述べていながら、「みなさん」、つまり読者に共感を与えなければならない。そのために、筆者は敢えて事実を示し、事実の側に立たなければならない。そして、その事実は国と共同体の利益

---

[68] ヴー・クアン・ハオ、『報道言語』、ハノイ国家大学出版社、2004年、18頁。

に沿うものでなければならない。筆者が、読者に提示した現実に対して考察する十分な力をもたなかったり、的外れの考察を行っているようなルポは読者の反響がないだけでなく、読者から筆者の能力と誠実さを疑われることになる。[69]」

連載「ドイモイ前夜」における筆者の言語について考察すると、筆者が事実を示す言語の特徴をうまく使っていることが分かる。「報道言語は事件のファクトを重視する。事件を述べる言語は、事件のファクトを述べるときにおいてのみ認められる。事件の性質、本質、傾向などは全て事件のファクトを通してのみ明らかになるものである。ニュースや記事の信頼性は、事件のファクトによって保障される。事件に関するデータは記者に、ユニークでデータの豊富な新しい書き方を付与する。このことから、記者というものは事実を示す叙述法に基づいてしか書くことができないことが分かる。そのため、意味を示す言語に従った書き方は報道にはなじまない。なぜなら、それは政治家や思想家が問題を概観し端的に自分の目的を述べる際に用いるものだからである。確かに、結局は記者の主張も主観的な性質をもっているが、事件それ自体が発するものなのである。そこでは、事実を示す叙述法のおかげで、記者は最も価値の高い書き方を獲得することができる[70]」

筆者は、情報を伝えるために、多くの人物、当事者の言葉を自身の記事の中で引用している。このような、事実を示す言語の使用はルポルタージュの叙述形式に相応しいというだけでなく、そこで扱われる内容にも相

---

[69] ズオン・スアン・ソン、『芸術評論報道のスタイル』、ハノイ国家大学出版社、2004年、61頁。
[70] グエン・チー・ニエン、『報道言語』、タインニエン出版社、2006年、38－39頁。

応しいものだった。連載の内容は主に、それぞれの人物(直接に目撃して述べることのできない著者を除く)の話を通して、20年以上も前の時代の空気と出来事を再現することだった。そのため、そこで稚拙な言語を使えば、記事は読者に対して説得力を持ちえなかっただろう。またこの連載は、著者の語りという意味でも成功している。著者は、案内役、つまり説明し、言及された案件と案件を繋ぐ役目としてだけ顔を出している。このようにして、記事は客観性を担保しながら、その語りの言葉にはリアリティがあるのである。

連載中では、全編にわたって、「ハン先生によると…」、「彼はこう語る…」、「経済の専門家レ・ヴァン・ヴィエンはこう言っている…」、「経済史家ダン・フォンが語るところでは…」、「チャン・ヴァン・カン氏が言うには…」、「運転手のチャン・ヴァン・タインは嘆く…」、「サウ・キエット氏は語っている…」などといったような引用に出くわす。これは、ほぼすべての記事で一貫して見られる基本的な叙述法である。

当事者が語った言葉を使っているとはいえ、著者は自らが述べている分野や題材についてある程度了解していなければならない。具体的に言うと、連載の各期では、経済体制における変化、古い経済の欠陥について述べているが、もし著者が経済に明るくなければ、読者を納得させることは難しいだろうし、無意識にせよ事実とは異なることを書いてしまうこともあるだろう。

著者自身の地の文の表現法と登場人物の会話部分の表現法に加えて、タイトルの表現法も注目に値する。フランス、リール情報大学総長、ロイク・エルヴォワは以下のように述べている。「記事に見出しをつけること

は、その記事の運命を決定づける性質をもった作業である。内容はとても面白いのに、見出しが拙ければ少なくとも半数の読者を失うことになるだろう。見出しが重要なのは、以前、あるフランスの新聞には題名をつけることを専門とする人がいたほどである。それは、唯一の任務が読者をひきつけるタイトルを考え出すだけ、という編集員だったのである。更に、その年の最もよいタイトルに与えられる賞、ルイ・ラモワ賞すらあるくらいなのである。[71]」

　「タイトルというものは読者にすでに起きたこと、またこれから起こることを知らせ、何とかして読者に関心を持たせるというものである。タイトルは読者がまず初めに読む部分である。タイトルがよければ読者は続けて内容を読むだろうし、タイトルが拙ければ苦心した記事の全ては無駄になる。従って、是非タイトルをつけることに力を傾けて欲しい。タイトルを従属する部分だと考えずに、記事を書き終えた後にそれを考える必要がある。連載「ドイモイ前夜」の見出しはトゥオイチェー紙の特徴が出ており、ほとんどが適切なものとなっている。連載の各期のタイトル群は主に二つの手法によって表現されている。それは、事物を使って主要な情報を総括する方法であり、もう一つは動詞を使って主要な情報を表す方法である。

　第一の方法、タイトルに事物を使って主要な情報を総括する方法には次のようなものがある。「配給手帳の記憶」、「孫悟空の金冠」、「新制度の装い」、「米不足から価格破壊へ」、「輸出入、革新の養分」、「私の気持ち」、「私は無罪」、「価値の色あせない前夜の教訓」などである。

---

[71] フイン・ズン・ニャン、『ルポルタージュ、教室から紙面へ』通信出版社、2007年、49頁。

このようなタイトルのつけ方によって、記事はその初めから内容についての情報を伝えられることになる。読者はタイトルの文字列から本文で取り上げられているはずの問題を即座に想像できる。
　第二の方法、動詞を使って主要な情報を表す方法。この手法は連載の中で度々出会うものである。例えば、「「露天市場」がたたまれた夜」、「竹垣を破る」、「新しい躍進」、「給料アップ」、「目に見えない変化」、「自分自身に勝利する」などである。
　この連載の目的と書かれた状況との関係において考えると、このタイトルのつけ方はとても理に適っている。動詞を使ってタイトルをつけることで、読者はまず初めに目にする文字列から躍動感や大きな変化というものを感じることができる。たたむ、破る、躍進するといったタイトルに使われている強い動詞は、読者に当時の社会的空気のひっ迫感や閉塞感を感じさせるだけでなく、そのひっ迫感や閉塞感を消し去った大革新や「新しい躍進」について曖昧な感覚をもたせている。「強い動詞や名詞は読者の心に強い印象を残す。[72]」
　連載のタイトルの長さも報道記事の批評に多少の貢献をしている。この連載は、ルポルタージュを主なスタイルとして使っているが、それぞれの記事のタイトルは簡潔で分かり易い(ベトナムの報道ルポでよく出会うのは、長く文学的なタイトルである)。最長のタイトルでも8字であり、「Từ chạy gạo đến cơ chế phá giá(米不足から価格破壊へ)」、「Imex, hầu sữa của sự đội phá(輸出入、革新の養分)」である。最短のタイトルは3

---

[72] ピーター・イング、ジェフ・ハドソン、『叙述と伝達－基本事項覚書－』、ヴー・ホン・リエン訳、インドシナ報道記念財団、2001年、88頁。

字で、「Tôi trắng án(私は無罪)」、「Vòng kim cô(孫悟空の金冠)」、「Sức bật mới(新しい躍進)」である。短いタイトルは通常記者の書いたものに一定の力を与えるものである。もしタイトルが長く隠喩や象徴を使った文学的なものであったら、記事に柔らかさとしなやかさと奥深さを与えるが、読者はそのイメージの概念と意味するところを掴んで初めて理解することができる。一方、簡潔で主な情報を端的に表現したタイトルはその文字から直接に力を生み出す。読者はただタイトルを見るだけで記事の主な内容を想像することができる。直接的な効果もまた、まずタイトルから社会批評の空気をつくり出す一種の手法である。

3.2.2.2. 非文字の系統

現代の報道にとって、図像は極めて重要な役割を果たしている。図像は、「読者が事物を目で確認する助けとなる。[73]」

「一般的に言って、報道の活動において、一枚のよい画像は説得力のある何百もの言葉にも匹敵する価値がある。それが、視覚情報という形式だからであり、「明確な物的証拠」だからである。多くの写真が、たとえ劣った撮影技術で撮影されたものであっても、それらは優先的に使用されるべきである。なぜなら、物的証拠となる唯一の情報であり、読者に深い印象を生み出す可能性があるからである。[74]」

連載「ドイモイ前夜」のスタイルは、資料に基づいたルポルタージュである。文章の中で言及されている出来事は、当事者が語ったものと、歴史資

---

[73] ロイク・エルヴォワ、『読者のために書くということ』、レ・ホン・クアン訳、ベトナム記者協会、1999年、99頁。
[74] ファム・タイン・フン、『報道専門用語』、ハノイ国家大学出版社、2007年、8頁。

料の調査を通して書かれたものである。資料によるルポルタージュであるため、著者はそれぞれの事件を直接に見聞きすることはできない。そのため、連載中の著者自身の画像は限られている。対象の出来事そのものの図像はないと言っていい。著者が使用している図像はほとんどが図表などの資料である。連載の主幹をなす16期の中には、著者たちは、資料の画像が14枚、写真が6枚、イメージ画、資料画像、諷刺画、図表、数量表がそれぞれ1枚だけ使用されている。

　このような図像の使用は、十分でないとはいえ、資料によるルポルタージュという条件においては許容されるものである。絵、表、図、写真などの画像資料は、文字によるメインの情報伝達の批評価値を補うサブの情報伝達手段である。

3.2.2.3. 記事の構成

　この連載では、それぞれの著者は、報道記事の構成についての一般理論のところで挙げた二つの構成形式を結合させている。それは、論理的思考に従って出来事を述べる構成と連想の構成、つまり、中心となる事柄の周辺にある事件や問題、細部を述べる、という手法である。

　まず何より、ドイモイ「前夜」は10年以上にわたって目まぐるしい変化の起こった時代である。そのため、著者の目的に役立つ最も重要な事件や問題を選択するのは簡単ではない。論理的思考に従って出来事を述べる構成の選択は理に適っているといえる。著者は人々の生活（第1期）から経済、政治、市場などの問題へと進んでいった。つまり、不自由と貧困から規制破壊へという流れだった。全ては、外側（社会生活の描写）から内

側(管理の能力と方式、指導層の考え方)、原因から結果へという確固としたロジックに従って叙述されている。

　しかし、連載の着想の項で述べたように、「ドイモイ前夜」は、第10回全国党大会とドイモイ20年総括に対して提案を出すという主な目的に集中して取り組んでいる。仮に、歴史を述べるだけであれば、この記事自体はもはや批評としての価値をもたなくなる。そのため、「ドイモイ前夜」に掲載された各期の記事は、歴史を述べる、困難だったある時期を振り返るだけでなく、それを通して歴史的教訓、国の指導・管理についての教訓を引き出している。そのようにするためには、問題を吟味しなければならない。15の記事がそれぞれ社会生活、経済、国の運営、市場、といった一つの問題を扱いながら10年の国の状況を振り返るために、それぞれのテーマは厳しく選択された。それぞれの期で読者は、それぞれの問題、それぞれの人物の中に見え隠れする現代への教訓を見出した。

　このように、論理的な思考に従って出来事を述べる構成と連想による構成が連載内で著者によって運用され、効果的に結合されている。前者は出来事を叙述するのに使われ、後者はそれぞれの出来事、それぞれの期の記事を一つの総体、共通の考えへと繋げるために使われている。これは、連載が社会批評をするにあたって、著者が叙述形式をうまく使ったということである。

第2の事例　ハノイの水害と高速鉄道導入計画に関する、二つのニュースサイト、VNEXPRESS.NET及びTIENPHONG.NETの記事

　ある記事の情報伝達と社会批評は、情報伝達オペレーションの全体における二つの過程である。この二つの過程はコインの両面のようなものである。情報伝達が、文書を伝えて読者がそれを読解し情報を掴むための過程であるとすると、社会批評はその伝えられた文書のなかの情報の効果が明らかになる過程である。この二つの過程はいかなる情報伝達オペレーションにおいても、あるいは、いかなる報道記事においても一連の作業である。

　情報伝達が、伝えられる文書の中に明らかに現れてくる過程であるとすると、社会批評は多くの場合文書の意味の下に隠されているものである。読者が文書を受け取って、情報を読解し、それを信用して行動を変えたとき、情報はその影響力を発揮し、その時初めて社会批評は、それが表しているはずの最も正しい意味において現れてくる。

　情報伝達は、社会批評を行うための物質的な前提、基礎をつくる過程であると理解できる。一方、社会批評は、情報伝達の意義を明らかにする過程である。それによって、情報は効果を発揮し始める。社会批評は情報伝達をより深みをもつ作業へと変える。二つの過程は不可分のものである。

第2部　事例に見るベトナム報道の社会批評

1. ハノイの記録的水害と新幹線導入計画についての社会批評の前提としての情報伝達

1.1. 報道を過熱させたハノイの記録的水害

　中央気象予報センターによると、2008年10月の終わりから11月の初めにかけてのハノイにおける記録的水害は、歴史的なものだった。なぜなら、それは時期、強さ、範囲、影響力において尋常ではなかったからである。通常、北部では10月の半ばで雨期は終わるとされている。この大雨は時期も遅く、歴史上稀にみるものだった。気象台の分析によると、北部における3日間の雨が記録的な大雨になった。ハドン（ハノイ市内の区、ハノイ中心地から約12km南西に位置する）における降水量は800mmを越えたが、これはハノイにおける記録的な水準だった。このハノイの大雨は、2008年10月30日から始まり、2008年11月6日まで続き、78人の命を奪い、7兆ドンもの被害を出した。

　2008年10月31日早朝、ハノイにおいて大雨が降るとすぐに、全ての報道チャンネル上にその事件についての情報が現れた。その中で、多くの新聞、ニュースサイトが特集記事を立てた。ベトナムネット（Vietnamnet）は、「ハノイ全域に大洪水」、ダットヴィエットオンライン（Dat Viet Online）は、「ハノイが水に沈む」、ラオドン（Lao Dong）紙は、「ハノイ「川」」、ティエンフォン（Tien Phong）紙は、「過去35年間で最もひどい水害」と題した特集を組んだ。それぞれの特集記事には、何十、何百もの記者、編集者のその事件についてのあらゆる角度からの、細部にわたる文章が載せられた。すべてが水害にまつわるニュースだった。

ラジオ、テレビなどの各報道機関もまた歴史的水害に関する情報や映像を流し続けていた。すべてのマスコミ、ほとんど全ての報道機関がハノイの地における何十年に一度の歴史的事件に集中していた。それらを通して、報道機関は読者に水害についての全体像を提供した。

　ハノイの水害の記事について書くにあたって、報道に加えて、「編集部ではない」記者たち、特にブロガーについても思い起こす必要がある。初めの雨の夜、ブログ、グイドゥアティン (Nguoi dua tin) は、「こんな雨ではハノイは沈んでしまう」というBlastという題名の文章を載せた。そして、その無意識の嘆きはその後に続々と現れた情報の幕開けとなった。それらは、このブログやティンニャインブログ (Tinnhanhblog) に現れ、そこにブロガー界の良い記事が全て集まった。ブロガーたちが提供し、時々刻々の洪水の様子を更新した写真を別にしても、このサイトは30以上もの記事を伝えていた。

　首都ハノイが、2008年11月の初めの一週間近くも水に「沈んだ」ことは、国内の報道界の注目を集めただけでなく、世界の報道界の注目の的となった。ロイター通信は、「ベトナムにおける水害で49人が死亡。ハノイは未だ水に沈んでいる」と書き、ハノイが水害を受けているときに撮影した写真を添えている。また、BBCは、「ハノイの大雨は多くの道を胸までの深さの川に変えた。多くの場所で水の深さは約1mにも達している。約55,000棟の家屋、変電所、学校、公共施設が浸水した。大雨は浄水にも影響を与えている。」と報じ、アメリカのCNN、オーストラリアのABCニュース、カナダのAFP通信とカナディアンプレス及びその他の国際通信社も、死亡者数の総計を載せて、ハノイの水害の状況についてのニュースを伝えた。カナ

ディアンプレスは、このハノイにおける水害についての世界の人々の考えを掲載した。その中で、カナダ人のナオミ・サンダーソンとマイク・ゴディング夫妻は、これは「これまで見てきた中で最もひどい水害だ」と言っていた。

　この四半世紀一度も見られなかった規模の、5日間も続いた大雨はハノイ全域を水に沈めた。市街では50もの地点で深い浸水が起こり、何百もの通りが渋滞した。豪華な車の中でお腹をすかせ、喉の渇いたハータインの多くの金持ちが渋滞のために通りにずらりと並んでいた。

　この水害の中で、何十もの自動車が地下駐車場に沈んでいたり、溝に沈んでいる自動車まであったと、人々は苦笑いするしかなかった。一方で、道路が浸水し、「車の中で窒息死した」といったような痛ましい事件もあった。

　通りの名前がいつも決まって思い出され、ハノイの何百万もの人々に嫌な記憶を呼び起こすのだった。「タイハー通りは満々と水を湛え、ザイフォン通りは満杯に浸水し、あふれる水がタイ湖のように波打っていた。ファムフン通りではバスが立ち往生し、チャンズイフン通りはまるで長い川のようだった。」

　同じころ、ハドン市では、多くの通りを水に沈めた大雨がこの新興都市を水の中に跪かせようとしていた。4,500棟もの家屋が浸水していたのである。同じように、チュンホア、ニャンチャン、ミーディンのような新興都市のマンションに住んでいた住民たちも恨めしそうに周囲の洪水を眺め、敢えて家を離れて外出しようとはしなかった。外では人と車がそれぞれ水の中で右往左往していた。多くの居住区が灯もなく、生活用水もない状況に

陥っていた。

　すぐに洪水に便乗した多くのサービスが発生した。普段は約10万ドンしか稼げない荷馬車の男は何百万ドンも稼いだ。浸水した道も突っ切れるバイクタクシーは70万ドンの価格をつけた。多くの種類の自家製移動手段が使われた。

　水害が発生するとすぐに、共産党委員会と政府は積極的に対処し、各層の市民の

「やさしい葉が破れた葉を包む」という困難を乗り越える伝統によって、水害による深刻な事態は克服された。

　この歴史的水害に関する全ての情報は、全ての報道手段でリアルタイムに、正確に報道され、読者、視聴者の需要に応えた[75]。

1.2. 国会と世論で「熱い話題」となった新幹線導入計画

　2010年4月17日午後、ハノイ－ホーチミン市間の新幹線導入計画が政府によって国会常務委員会において提案された。この報告によると、政府は新たに新幹線と高速鉄道の路線を建設し、まずは優先的に南北を繋ぐ速度350km/hの新幹線を造る。新幹線は20の都市と省を貫き、約16,500戸の人々に影響を与える。新幹線の車両は8から16両で、朝6時から24時まで走る。総投資額は560億ドルということだった。

　国会常務委員会の会合においてすでに多くの議員がこの計画に懸念を表明していた。経済学者としての視点から、当時の国会経済委員会主

---

[75] ファン・ティ・フエン・チャン、「2008年末のハノイにおける歴史的大雨に関する報道についての新聞と電子版」、社会人文科学大学、ハノイ、2009年、21-23頁。

任のハー・ヴァン・ヒエン氏は、将来、陸上、航空、水上のそれぞれの交通手段が全て改善されるため、南北を繋ぐ新幹線に乗る旅客数について、注意深く計算する必要がある、と考えていた。「仮に新幹線の切符代が飛行機のそれと同じくらいだとすると、新幹線で行く人は多くはないだろう。5,700万人の旅客の構成のうち何％が新幹線を利用するのか分析しなければならない。」それに加えて、政府は道路を伸長したり、原子力発電所を建設したりといった様々な計画にも投資しなければならず、新幹線計画は実施可能な形で十分に検討されるべきであると、彼は考えていた。

　当時の法務委員主任、グエン・ヴァン・トゥアン議員もまた資金不安の問題を提起した。GDPが1兆ドル、年間の成長率が6％である現状は、まだ多くの経済分野に対する投資に応えうる状況ではない。中でも新幹線への投資は毎年何10兆ドンをもつぎ込まなければならない。「貧しい家のような国家予算では、息子に家を建ててやりたい、娘に車を買ってやりたいなど望みは多いが、実現はできないのだ。[76]」

　当時の国会民族連盟主席クソー・フック氏は、一部の居住民の交通の安全を守る公の意識がまだ高くないときに、300km/hを越す速度をもつ電車の安全性に対し懸念を抱いていた。「列車に投石したり、レールの上に障害物を置いたりするようなことがまだ起こっているような現状で、新幹線事故は乗客が多いだけ更に深刻になるだろう。鉄道の安全を航空の安全と同レベルにもっていくべきだ。[77]」

　国会に新幹線計画が諮られてからすぐに、何百もの新聞、ラジオ、テレ

---

[76] VnExpress.net、2010年4月17日。
[77] VnExpress.net、2010年4月14日。

ビ局がニュースを配信し、それはすぐに社会生活において熱い話題となった。新聞各紙は、それぞれのやり方で何百億ドルもの資金をがぶ飲みするこの計画についての市民の意見を集約した。間接的に「民意を聞く」ことに加え、ほとんどの新聞は多くの専門家の、各々の視点からの分析を載せた。

「新幹線－冗談好きたちの考え」[78]、「新幹線は国の負債を増やす」[79]、「新幹線、贅沢な計画」[80]、「新幹線、身内は擁護、外野は疑念」[81]、「560億ドルの新幹線計画、資金不足の懸念」[82]、「高速鉄道よ、もっとゆっくり、焦らないで」[83]。これらは、各新聞紙上に新幹線計画のニュースが出てからの新聞記事のタイトルである。何千もの意見を電子版と紙媒体の新聞が載せた。そのうち大部分が金のかかる贅沢なこの計画に反対するものだった。

約560億ドルの資金の必要な新幹線計画は国会の場とその外の社会において論争を巻き起こした。計画が必要で投資資金を借款してすぐにとりかかるべきだという意見に加え、この計画の経済的効果がとても低く、資金は高く、そしてベトナムのGDPの半分もの割合を占めるというのは、後の世代にとっての重荷になると考える反対意見も多かった。

国会の場では、女性議員のスン・ティ・チューが、「新幹線への投資は

---

78 VnExpress.net、2010年5月20日。
79 VnExpress.net、2010年5月20日。
80 VnExpress.net、2010年5月21日。
81 VnExpress.net、2010年5月12日。
82 VnExpress.net、2010年4月18日。
83 VnExpress.net、2010年5月24日。

必要だが、現時点では緊急のものではない。」と述べた。グエン・ミン・トゥェット議員は、新幹線計画が中部における潜在的観光需要というお姫様を起こす王子様だ、といった意見に反対してこう言った。「きっと彼女は目を覚まして彼にこう聞くでしょうね、で、お金はどこなの？と。」

　ベトナムが新幹線を建設することをレンガ造りの茅葺家屋に暮らしている家族が、家屋を建てる金を貯めずに別荘を買いたいと考えていることに例えて、ファム・チ・ラン氏は、ベトナムの一人当たりの平均収入が3,000ドルに達した時に初めて新幹線が必要になる、と述べた。経済の専門家レ・ダン・ゾアインは、国会がまだ計画を承認しないよう強く望んでいた。「世界銀行の発表ではベトナムの国家負債は47.5%まで膨らみ、国際収支の赤字、予算の支出超過、輸入超過が喫緊の問題となっているときに、経済効果も低く、資金回収力も説得力に欠ける。」

　「経済発展への要求は明らかに大きく、その中でも特にインフラ投資への要求は大きい。しかし、年配者が「米に見合った塩辛をつまむ（能力に見合った仕事をする）」と言う通りである。財政・予算委員会も国の負債が間もなく国会の許している上限に達すると警告している。しかし、最も重要なことは、すでに申し上げた通り、効果の検証であって、どうやって資金を借り、借りた資金を使い、それを返済するか、ではない。従って、資金を使っても効果が薄いこの現状で、大きな額にのぼる金を借りるのは懸念すべきことである。仮にこのような大きな計画を実行するのならば、社会資源を用いるべきで、国家予算をあまりあてにすべきではないと考える。」[84]

---

[84] ティエンフォン紙、2010年5月20日。

第 2 の事例 ハノイの記録的水害と新幹線導入計画の情報伝達

「我が国は未だ困難な状況にあり、しなければならない緊急の課題が多く残っている。誰も南北を繋ぐ新幹線計画への投資が必要なことは分かっているが、それがどれほど必要なのか、効果を挙げ、最も安定的に利用されるために、どう資金を使うのか、どのタイミングで投資するのか、ということが議論されるべきである。昔からの諺「米に見合った塩辛をつまむ」は、この場合今でも正しいのである。」[85]

「世界の鉄道の歴史において、未だかつて金を借りてまで新幹線を造った発展途上国はなく、一つの計画のために一度に50億ドル以上の金を貸すような先進国もなかった。2009年のアメリカにおけるサブプライムローンの問題が世界的な金融恐慌を引き起こしたが、それはただの住宅購入のための貸出だった。560億ドルもの資金をODAの特別借款に頼ろうなどということは「株を守りて兎を待つ」ことに外ならず、ありえないことである。」[86]

「計画を立てるとき、まず考えなければならない初めの事は

　＋売上（新幹線を利用する人の数）

　＋効果

　＋借款と返済の方法

　＋センシティヴィティ

　＋タイミング（560億ドルを新幹線に投資することが、国の資金を今使う最良の計画であるのか）

これらの項目は、第一の項目であり、最も重要なものである。私は、交

---

[85] ティエンフォン紙、2010 年 5 月 22 日。
[86] VnExpress.net、2010 年 5 月 20 日。

通運輸省はまだこの問題に対して明確に応えていない（具体的な科学的数値によって）ように思う。それなのに、政府に上程し、今や国会にまで上げて審査を待っているのは、あまりにいい加減ではないか。」[87]

　新幹線の話題は特に第12期国会において熱い議題となった。多くの議員がこの巨大プロジェクトに対する緊急性を訴えた。

　560億ドルの巨大計画への投資案についての2010年6月8日の討論に参加した議員の中では、計画を支持する議員が大多数を占めた。しかし一方で、子孫に重くのしかかる重荷を前にして、反対意見もまた激しく、鋭いものだった。

　議論の口火を切って、当時の国会社会問題委員会副主任であったルオン・ファン・クーがこう主張した。新幹線への投資は今や遅いくらいである。なぜなら、ベトナムは2020年までに工業化、現代化の達成にまい進している現状では、インフラは社会経済発展計画において常に先行して行われるべきであるからである。

　ダオ・スアン・ナイ議員もまた新幹線計画に理解を示していた。その理由は、「我々の発展は遅れているから、近道して先取りしなければならない。新幹線はすぐには効果がないかもしれないが、将来的には良い効果をもたらす。建設当時は効果が上がらなかったが、今になってやっと影響の出てきた南北高圧電線のようなものだ。」グエン・ゴック・ダオ議員は、560億ドルは多額だが、それは将来への、発展への投資である、と考えていた。

　経済の専門家の視点から、チャン・ズー・リック議員はこの計画が困難

---

[87] VnExpress.net、2010年5月20日。

であること認めていた。それは一つには国の負債が膨らんでいる現状では、あまりに資金がかかりすぎるからであった。ある報告によると、全ての経済分野を合算すると、この先20年間のベトナムの負債は2,800億ドルになるということである。二つ目の理由は、計画は長期にわたり、20年から30年後にやっと効果を享受できるため、その間にリスクの可能性があるということであった。

賛成の考え方に同調せず、スン・ティ・チュー議員は、次のような一連の質問をした。「なぜ11カ国しか新幹線をもっていないのか。彼らの新幹線の総延長は95kmから500kmであるのに、なぜわが国では1,500kmなのか。国の負債が安全な範囲を越えるというときに、なぜベトナムのGDPの三分の二もの資金を借りて、多くのリスクのある計画に投資するような冒険をするのか。」最後にこの女性議員は次のように結論した。「新幹線計画は必要だが、今この時点で緊急に必要というわけではない。この第12期国会ではまだこの計画を決定すべきではないと考える。」

チャン・ホン・ヴィエット議員はこう考えていた。国民一人当たり平均所得が500ドルを越えた時点で、日本が新幹線をつくったことと比較して、我が国も現在平均所得が500ドルに達しているから同じように新幹線を建設するのだ、というのは正しいとはいえない。500ドルの価値が当時と今とでは違うのだから。我々は中国と比べてもまだ差がある。中国はいわば車が買えるほど豊かな家だが、一方で我が国は貧乏で借金して車を買っているのである。

率直に問題に向き合いながら、青少年・児童文化教育委員会副主任のグエン・ミン・トゥエットは、この計画に賛成しないことを表明した。氏による

と、計画書も調査報告も説得力の欠如を露呈している。それらが、南北新幹線の特別な地位を強弁し、道路整備への過度な投資の集中を非難するだけでなく、ましてそれを渋滞や交通事故の原因だと責任を押し付けるに至っては、計画書と審査報告には説得力に欠ける。また、トゥエット氏は、計画を立案し審査する者が全て日越顧問団であり、計画が客観性に欠けると考えた。

国の審査チームも計画投資省と交通運輸省の幹部ばかりで、鉄道の専門家はいなかったのである。

世界銀行でさえも、ベトナムが新幹線計画に慎重であるべきだと警告し、後の世代に巨大な負債の重荷を残すことを避けるために再考を要する事項が多くあると発表した。

この問題にまつわる論争によって、2010年6月19日の午後は国会のメルクマールとなった。それは、初めて国会が政府の提出し同意が見込まれた計画に反対した瞬間だった。

わずか37％の議員が賛成したのに対して、41％が反対したことにより、政府が提案した560億ドルの新幹線建設計画は国会を通過しなかった。新幹線計画への投資提案についての採決には、二つの案が提出されたが、どちらも国会議員の過半数の賛同を得ることができなかった。

ファム・フ教授は、トゥオイチェー紙上に次のように発表した。「報道も、社会批評によって現代社会において極めて重要な役割を果たしている。国会が新幹線投資計画を通過させなかったことによって、やっと社会批評ならびにその価値の片鱗が見えてきた。」[88]

---

[88] トゥオイチェー紙、2010年6月21日。

第2の事例　ハノイの記録的水害と新幹線導入計画の情報伝達

　この巨大な計画についてのニュースの裏で、報道機関は社会批評と社会批評の伝達についての多くの教訓を残した。

2. ハノイの歴史的水害と新幹線計画についての二つの連載における、情報伝達プロセスの深化としての社会批評

2.1. ハノイの歴史的大雨：ニュースの掲載から批評へ

　2008年10月の終わりから11月の初めにすべての新聞紙上に掲載されたハノイの歴史的大雨についての報道の全体を追ってみると、初めの時点では全体的な一つの流れがあり、ほとんど全ての新聞が大雨の状況についてのニュースに集中していた。しかし、そのすぐ後には、関連した諸問題について各紙が声を上げ、盛んに批評した。

　この事件において批評された三つの主な問題は、首都計画が大雨の時の排水まで計算に入れていなかったこと。気象予報が正確でなかったこと。大雨に際して、ベトナム人の性格の「醜さ」が出てしまったこと、であった。

　2008年11月初頭の時点では、ほとんどどの新聞を開いても、どの電子版のページを調べても、常に見られ、最もホットな話題はハノイの大雨の状況だった。何千もの写真が載せられ、何百もの記事が、水害が頻繁に起こっているスポットにおいて時々刻々とアップされた。

　大雨について報道された初めの記事の中では、VnexpressとTienphong.vnのどちらも写真ルポ（ホアン・ハーの「水に沈むハノイ」とファン・キエンの「異常な大雨に沈むハノイ」）を使って、報道していた。

　その後、連日頻発されたニュース、特に写真ルポによって、読者はハノイの大雨の状況について直接知ることができた。それらは、「大雨のハノイの街」、「雨で、少なくとも10人が死亡」、「首都で魚釣りをし、船を漕ぐ」、

「何十もの高級車がマンションの地下駐車場に沈む」、「儲かる、雨に「頼った」サービス」、「ハノイ、雨に沈んだ当初」、「ハノイが水浸しに。通学途中に生徒一人が死亡」、「バイク修理サービスが大儲け」などの記事だった。

　大雨について、批評すべき問題に各紙が続々と言及し始めた。それはまず、Tienphong.vnの2008年11月4日の「旧態依然とした考え方で天災に立ち向かうと計り知れない悪い結果になる」という記事から始まった。そこでは、気象・水害・環境科学技術センター副所長のチャン・ズイ・ビン博士のインタビューを載せている。博士は都市計画の観点からハノイにおける歴史的水害の被害について解説している。Tienphon.vnは社会批評を加えるべき問題を初めて提起したのである。それは、首都が非常事態を考慮していなかったということである。以下はインタビューの内容である。

　「10月31日から11月1日までの歴史的水害の影響はまだ収束していませんが、もし敢えてその教訓を挙げるとすれば、どんな教訓になるでしょうか、博士。」

　「計画を立てる際の考え方を根本的に改める必要があるでしょう。旧態依然とした考え方で天災に立ち向かうならば、この先計り知れない悪い結果をもたらすでしょう。首都の真ん中で20人近くの人が水害で亡くなったということはあまりに高い授業料でした。」

　「個人の責任を追及すべきだということですか。」

　「今回の歴史的な水害によって、日に日に予測困難となっているグローバルな気候の複雑さが、我が国にまで影響を及ぼしているということが更に証明されました。人的な責任を考える前に、我々は人間が管理できる限界を超えた客観的な要素というものを忘れてはなりません。30年から50

年足らずで海面が上昇することになるでしょう。政策決定者や市民はこれ以上ぼやぼやしていられないのです。」[89]

　チャン・ズイ・ビン博士のインタビューを掲載した直後、ティエンフォン紙は続けて2008年11月5日に農業・農村発展省次長のダオ・スアン・ホック氏の分析を載せ、ハノイの排水計画における弱点の分析を続けた。それに加えて、農業・農村発展省の専門家の分析も掲載した。

　「日本人は設計する際に、デンルーやファップヴァンのような衛星都市について排水を考慮しただけで、ヴィン・トゥイー、フック・ヒエップ、イェンヴェイーのような場所にはそのような配慮が欠けていた。これらの場所では以前、ため池を兼ねた魚の養殖がおこなわれていた。しかし、今では埋め立てられ都市となっている。南西部の急速な都市化がハノイの排水能力を低下させている。」

　「水田に対する排水能力はたったの1ヘクタール当たり毎秒3ℓのこともある。しかし、都市においては、この数字は4から5倍、あるいは7倍になって初めてその必要に追い付くものである。一方で、現在のハノイの排水能力は4から5リットルという数字でしかない。従って、今後、ハノイの全体的な規格を見直す必要がある。」[90]

　遅れた都市計画の問題は、2008年11月6日の国会の議論に諮られた。その時、国会経済委員会主席委員グエン・ドゥック・キエン氏の意見が付されていた。

　「数日前のハノイにおける洪水から分かったことは、我々の都市計画が

---

[89] ティエンフォン紙、2008年11月4日。
[90] ティエンフォン紙、2008年11月5日。

稚拙だということである。それは二つの点に現れている。一つ目は、都市部の発展計画についての展望がない。ということ。二つ目は、計画を管理する者のレベルも十分ではない、ということである。」[91]

　キエン氏によると、現在に至るまでハノイ市は次の質問に答えていないという。ハノイの排水系統はトーリック川によるのか、ニュエ川を使うのか。

　「ニュエ川は1954年、北部が解放されてから現在まで、我々はこの川をハタイ全域の排水のために、つまり西からの水を排水するために使ってきた。現在、西に向かってハノイ市を拡大しているが、ニュエ川は第二のトーリック川になるだろう。なぜなら、ニュエ川はハノイの排水にもなるからであり、ここにポンプ場や排水施設を設置しなければ、ハノイが水に沈むのは必至なのである。」[92]

　Vnexpress.vnでは、稚拙な都市計画についての批評の問題が、「ハノイ、24年経っても変わらない」というKyphという読者による文章から始まった。

　「ハノイ市は多くの税金を使って排水計画を実行しているが、誰一人として、ハノイが雨の後に浸水しなくなるということを信じる人はいない。ハノイはたった一日で停電し、電話は通じなくなり、飲み水に困り、必要な食品もなくなるのだ。」[93]

　それに続いたのは、読者のゴー・ドゥック・ザンさんの同意を表明した文章だった。

---

[91] ティエンフォン紙、2008年11月6日。
[92] ティエンフォン紙、2008年11月6日。
[93] Vnexpress.vn、2008年11月5日。

「私たちは、お金を、それもとても多くの財産を投入しながら、ただの普通の平均的な雨に対処するだけの排水システムに投資して浸水を防ごうとしているのではないか。

もしそうだとすると、とうてい納得がいかない。なぜなら、ほとんどどんな雨でも、少なくとも霧雨程度では洪水は起こらないはずだからである。私は未だかつて、大雨が招いた被害について、予報、予防、対策活動の効果を検証するいかなる関係機関あるいは数字やデータも見たことがない。」[94]

「実に想像しがたいことだが、全国の中心であり、全ての経済、科学、技術への投資を集めている都市が、たった一日の雨のあとに水に沈んでしまい、いくつかの場所では経済活動が麻痺し、人と財産や経済への被害は正確には分からないのである。ここで最も言わなければならないことは、「想定外」ということである。住民の側からも関係機関の側からも何一つ準備がされていなかった。そして、住民の混乱した様子、更には、全くあり得ない人的被害から明らかに分かったことは、非常事態が起こった際の救急活動において、関係機関があたふたしたとしていたことである。」

読者のグエン・コンは水害に対するシンガポールの経験をかなり深く分析し、ハノイもシンガポールに学ぶよう提案している。

彼は、都市計画の問題について、グエン・ミン・チェット主席自らがハノイの水害に対する教訓を引き出すように声を上げるべきである、と言う。「ハノイは教訓を引き出して、自らの配水計画を見直すべきである。イエンソー配水場だけとっても試算してもっと効率を上げるべきである。今回

---

[94] Vnexpress.vn、2008年11月7日。

の大雨の際も実際の需要の3分の1にしか応えられなかったからである。

2008年11月7日、元ハノイ建設計画局々長のダオ・ゴック・ギエム博士も計画通りでない都市化について指摘し、深く分析している。

一連の大雨についての記事の中で、批評された二つ目の問題は、誤った気象予報の問題であった。これは台風や洪水が起こるたびに気象センターを悩ませる「頭の痛い」問題である。

問題はVnexpress.vnの多くの読者の次のような意見から始まった。ハノイにおける予期しない洪水がもたらした甚大な被害の原因は、気象センターが誤った予報をしたことである。そのせいで人々は対処する時間がなかった。「お天道様に逆らうな」、「センターは無難に養蜂するだけ」、「気象予報は、この10年来ずっと変わっていない」・・・。

「極めて単純なことは、下部組織が誤りを犯せば、上部組織も管理について責任の一端を負うということであり、各部局が誤りを犯せば大臣が国会の会議において責任を追及されるということである。それにもかかわらず、気象センターの総局長は、「我々は責任を果たした」と言っている。」[95]

Tienphong.vnで、この問題はまた2008年11月12日の気象の専門家による分析の記事によってかなり熱心に取り上げられた。

「国家気象センター総局長のブイ・ヴァン・ドゥック博士によると、この事態は苦い現実である。ハノイにおける雨の予報はたったの100㎜だったが、実際は500㎜以上に達し、ハドンでは800㎜、場所によっては1,000㎜以上降った所もあった。世界の気象予報活動から分かるのは、人類は具体的な地点の局地的天災を予測することにおいてはまだ無力である、と

---

[95] Vnexpress.vn、2008年11月6日。

いうことだ。

　元科学技術局々長代行グエン・ヴァン・ハイ博士は次のように考えている。天気の予報作業について、今回のことから教訓を引き出して欲しい。そのすぐ後の第二報では、雨は更に激しくなり、全域に広がるとしていた。私たちは苦笑いしながら言ったものだ。「よかった。結局雨はいくらか降った。でなかったら…。」極端な気象現象の前では無力であることは否定できない。未だに主観と経験に頼った判断が欠かせない。」[96]

　読者のカイン・グエンさんは「予報か予断か」という文章でこの議論に参加し、気象予報の現状についての「非難」の列に続いた。

　「誰かがこういうべきだった。「我々は一体予報をしているのか予断を下しているだけなのか分からない」と。彼らは、深刻な結果を背負わなければならない。その中には、すぐにでも代わりがきくものもあれば、永遠に失われたものもある。そして彼らは今後も、気象予報はまだか、と聞かれる度に頭を悩ませて予断をくださなければならない。この気象予報が実は予断に過ぎないのではないか、という懸念から、インターネット会議において、副首相グエン・シン・フン、農業・農村発展相、中央台風洪水対策室指導委員会々長のカオ・ドゥック・ファット、そして多くの地方の指導層は、気象予報機関はより正確で具体的な気象の変化についての情報を伝える必要があると提議した。そしてその時、目の前には台風9号が近づいていた。」[97]

　科学技術の問題に加えて、再び都市計画と「醜いベトナム人気質」が新

---

[96] ティエンフォン紙、2008年11月12日。
[97] ティエンフォン紙、2008年11月4日。

聞紙上で露にされた。ハノイの大雨についての記事における次の批評対象は、洪水における住民の悪弊であった。

　それはまず、住民がこの水害を利用した現象の批評から始まった。バイクのエンジンが故障する事態が広がると、彼らはこぞって表に出て、エンジンの点火装置を掃除するサービスを始めた。もし一台につき天より高い金を取る足元を見るようなことがなかったなら、これは取りたてて問題にされることはなかった。

　それだけではなかった。洪水によってハノイ周辺の野菜が姿を消し、市場では野菜と食品が不足した。そしてまた、野菜を売るものがこの機に乗じて野菜と食品の値を吊り上げた。それは、天まで届くほどの値段で、一束の野菜が1万から1万5千ドンもした。

　「2008年11月2日の日曜日の朝、ダイトゥー市場（リンダム地区、市内の南部）では、8時過ぎには豚肉の売り切れが告げられた。ある売り場では豚肉は元々いつも人気だったが、何十人もの女性が体を雨にびっしょり濡らし、足を水に浸しながら豚肉を買おうと待っていた。元々、少なくない割合の生野菜を市の中心地に供給しているB村のすぐ近くなのに、その日市場では、生野菜は新鮮なエビくらいの値段だった。物価は4から5倍になり、空心菜一束が1万5千ドン、芋の葉一束が8千ドン、大根1キロが1万7千ドンもした。」[98]

　「全ての市場で、大雨のために供給が間に合わず、新鮮な豚肉が品薄になった。各食品もそれぞれに値が上がった。例えば、牛ヒレ肉は1キロ当たり12万ドンが13から14万ドンに、鶏一羽は1キロ当たり9万から9万5千

---

[98] VnExpress.net、2008年11月5日。

ンが12万ドンにまで値上がりした。」

　国内の供給元には限界があったため、輸入された野菜の値が越境商人によって、平均して普段の2倍から3倍に吊り上げられた。中国からのものが多かったが、輸入自体は適切であり高値で売れた。VnExpress.netの調査によると、日常的な青果物の値段について、例えばトウガンはキロ当たり5千ドンから1万4千ドンに急騰、トマトは4千ドンから1万3千ドンになった。葉物野菜は、1万2千ドンのホウレンソウや大根葉が市場で飛ぶように売れた。小規模な仲買業者が、タイミングよく街で売りさばこうと、殺到して争うように品物を求めた。

　もし、他の事件であれば、批評精神はその主な問題の報道にすでに表出しており、批判対象となる問題も初めの報道から盛り上がっていたはずである。しかし、ハノイの水害の例については、初めの情報は、この事件にまつわる極めて多くの問題を批評する際の土台となる基礎情報であった。後になるにつれて、批評精神も記事の中に明確に現れてきた。そして、社会批評の対象となる問題もより深められていったのである。

　ハノイの歴史的水害についての記事における社会批評には、その合理性の面で互いに補完しあう二つの段階があった。事実関係を伝える段階は合理性の基礎を造る段階であり、実際の現象を伝えて、後の段階が科学的基礎を得て批評できるようにした。どんな方法よりも、大雨の中で混乱する状態についての写真が、それ自体で社会批評の機能をもった。次の段階の記事で述べられた問題は批評すべき問題の集合であり、それを深めたものであった。したがって、社会批評の第一段階は確かに直接この批評のプロセスに参加したわけではないが、極めて重要な価値をもっ

ていた。事実関係を伝える段階がなかったらならば、続く批評の段階で必要な作業が行えなかっただろう。

2.2. 新幹線導入計画：「反行動」と「討論を通しての相互理解」

　ハノイの大雨の例と異なり、新幹線導入計画は国会に諮られ、直ちに、世論と第7期国会第7回会議の議場において反応があった。実は新幹線計画はこの数年前からすでにその萌芽があった。そのときはいくつかの記事が、ベトナムが将来新幹線を建設し、それはハノイからヴィン（ベトナム北部ゲアン省の省都、距離約280Km）までの距離をたった1時間で走ることができ、もう飛行機に乗る必要がなくなると予測した。しかし、この件が動き出し、各紙がそれを報道すると、別の方向の広い反応を生み出した。

　Tienphong.vnでは、2010年4月18日、「560億ドルの新幹線計画：資金不足の懸念」という記事が掲載された。それは、新幹線計画についての国会常務委員会の討論についての記事だった。その討論では、発表された意見の大部分が、このような国の経済的潜在能力を想像のできないほど越えている計画に対して資金をどう使い、どう返済するかということについて心配するものだった。なぜなら、仮に計画が実現した場合、これまでで最も高い資金を投入する計画だったからである。

　グエン・クアン・ア博士はこう言っている。「私は、25年後に新幹線ができると聞いてうれしいが、楽観することはできない。なぜなら国の潜在力には限界があり、一方で他にもしなければならない仕事は多いからである。私はまた、ギリシアが残した教訓にも留意している。ギリシアはEUの

国々が手を差し伸べて救済したが、ベトナムがもしきちんと計算もせず投資して借金まみれになったら誰が助けてくれるのだろうか。思うに、30から40年で返済が終わればいい方だろう。我々は何を先に成し、何を後回しにすべきかもう一度考えた方がいい」[99]

　Vnexpress.net上にも、2010年4月17日、「新幹線計画に560億ドル投資」という文章から一連の記事が始まった。この文章は、当時の交通運輸相ホー・ギア・ズン大臣が政府を代表して国会で新幹線計画について述べた時の様子を詳述している。

　Tienphong.vn上の「新幹線、身内は擁護、外野は疑念」という文章と、Vnexpress.net上の「新幹線計画に560億ドル投資」という文章は、この二つのウェブページ上における一連の大規模な記事への「導火線」であった。この巨大プロジェクトの重要性を明確に意識していたため、記者たちは集中して記事を書き、多方面にわたる、力強い、確かな批評を繰り広げた。

　これら一連の記事についての二つの電子版の社会批評には明らかに二つのグループがあった。一つは住民の意見についてのものであり、もう一つは専門家たちの分析についてのものである。

　市民の生活に資する計画については、それを使用する人に直接聞いてみるに如くはない。市民の意見には計画についての彼らの要求が表れていた。それに加えて、科学者の専門的な角度からの分析も、この問題が合理的に解明される手助けとなった。一連の記事におけるこの二つのウェブページの二つのグループは、どちらも社会批評が総合性をもつこと

---

[99] ティエンフォン紙、2010年4月20日。

第2の事例　ハノイの歴史的水害と新幹線計画の情報伝達プロセスの深化

に役立った。

2.2.1. 専門家たちの分析

　この問題について社会批評を行った二つのウェブページはどちらも、この計画が、現在の国の経済、社会状況に対して影響を及ぼすだけでなく、何十年後、あるいは何百年後までの将来にも影響がある重要な計画であるということを意識していた。そのため、この巨大プロジェクトを決めることにおいて、国会の意見は慎重であるべきなのと同様に、各紙も、この計画についての批評戦略を進めるにあたっては、慎重に発言した。

　合理性の面で説得力をもたせるため、まず専門家の分析が優先された。

　Tienphong.vnもVnexpress.netもかなり強力な、専門分野では名のある専門家チームを使い、責任をもってこの巨大プロジェクトについての異なる角度からの分析をさせた。

　Tienphong.vnは2010年5月20日、当時の国会財政・予算委員会副主任のトゥオイチェー紙記者チン・フイ・クワックのこの巨大計画に関する記事を引用している。責任者として、また財政の専門家としての角度から、クワック氏は計画が実現した際の財政的に問題となることについて注意を促している。

　「経済発展への要求は明らかに大きく、その中でも特にインフラ投資への要求は大きい。しかし、年配者が「米に見合った塩辛をつまむ」と言う通りである。財政・予算委員会も国の負債が間もなく国会の許している上限に達すると警告している。しかし、最も重要なことは、すでに申し上げた通

り、効果の検証であって、どうやって資金を借り、借りた資金を使い、それを返済するか、ではない。従って、資金を使っても効果が薄いこの現状で大きな額にのぼる金を借りるのは懸念すべきことである。仮にこのような大きな計画を実行するのならば、社会資源を用いるべきで、国家予算をあまりあてにすべきではないと考える。」[100]

2010年5月23日のティエンフォンオンラインでは、グエン・クアン・ア博士の「巨大プロジェクトと負債の危険性」と題された文章でこの問題についての記事を続けた。

「ある個人、ある企業が、資金不足で借金して事業をすることは簡単ではないが、その事業に効果があるならば是非しなければならない。もし計画に効果があるならば、つまり完成した後、経費を除いてまだ利益があるならば、そのような計画の実行のために借りる資金は多ければ多いほどよい。

計画のために使う自己資本に対する借りた資金の総額の比率を負債比率という。負債比率が高ければ高いほど、自己資本に対する利益（赤字）の率も高くなる。もし計画に効果があれば、多く借りるほどよりよい。もし、計画に効果がない（損が出る）ならば、借主は早晩倒産する可能性があり、債務者が破産して返すものがなくなり、債権者はお金を失うことになる。

厄介なのはこの「もし」という言葉である。計画の効果は計画が終わってから分かるものである。それまでは全てが予測に過ぎない。そして、優れた予測でも外れることはある。効果のある計画もあれば、そうでない計画

---

[100] ティエンフォン紙、2010年5月20日。

もある。それは普通のことであり、日常の話だが、それに対処してリスクを管理することが経営者のイロハのイである。」[101]

　日本の新幹線の発展についての教訓が、ベトナム経済、鉄道運輸協会のチャン・ディン・バー氏によって、2010年5月23日、ティエンフォン紙のインタビュー記事の中に挙げられている。日本は鉄道を早くから発達させてきた。そして、古い鉄道システムが時代遅れになったが、その日本でさえも自身の新幹線を建設することに逡巡していたのである。
財政の専門家ブイ・キエン・タイン氏の「予算あるいは ODA の借款を使うのであれば、計画を実行すべきでない」、グエン・クアン・ア博士の「国家負債の構造を見直す」、チャン・ディン・バー博士の「検証プロジェクトを立てるべき」、ベトナム経済・鉄道運輸協会々長、准教授ファム・コン・ハー博士の「毎月一本タインチー橋（ホン川を渡る橋　2006 年竣工）が建設できるか」、教授のバック・ヴォン・ハー博士の「電気の浪費と電気システムへの悪影響」などの専門家へのインタビュー記事と、国会議員（その中には多くの文化、経済、技術の専門家がいた）の多くの視点からの詳細で注意深い分析から、新幹線計画は、時期と国の経済的潜在力に合っていない計画であることが理解された。

　同じように、Vnexpress.netでも多くの専門家の分析を載せている。2010年5月20日には、チャン・ディン・バー博士の「新幹線－冗談好きたちの考え」を掲載した。2010年5月26日には、越僑（国外に居住するベトナム人や、外国籍を持つベトナム系移民）のグエン・タイン・レ・ヴィン氏の「実現不可能な新幹線計画」を載せた。ホーチミン市人民協会代表ファ

---

[101] ティエンフォン紙、2010 年 5 月 23 日。

ム・ミン・チーは、2010年5月27日に載った「南北新幹線の建設は今すぐ必要ではない」という文章で議論に参加した。2010年5月27日には、経済サイバネティクスの博士であるチュー・ゴックの「新幹線は後の世代にまかせよ」も掲載された。

とても興味深い統計の記事で、グエン・ヴァン・リエム氏はこの計画が仮に始められても、政府の報告にあるようには資金の回収はできないという事を示した（2010年6月1日、Vnexpress.netの「新幹線の経済統計を試算する」）。経営管理の視点から、経営者で、タイム・ユニヴァーサル・コミュニケーション社代表取締役社長のファム・ミン・トアン氏は新幹線計画について詳細に分析して、「経営管理の視点から見た新幹線」[102]を書いた。

経済の専門家ファム・チ・ラン氏もインタビューに答えた記事「十年後に新幹線について話しましょう」で議論に参加した。

「これは大変拙速な計画だと思います。韓国や台湾の新幹線計画がGDPの10％にも達していないにもかかわらず、ベトナムの計画は2009年のGDPの50％にも達している。全世界でも、たった11カ国しか新幹線を建設していない上に彼らは皆豊かな国です。ベトナムは一人当たり平均所得が低く、やっと1,000ドルくらいの国の範疇に足を踏み入れたことろです。私たちがこの計画を実行するのは、レンガ造りの茅葺家屋に暮らしている家族が、家屋を建てる金を貯めずに別荘を買いたいと考えるようなものです。

新幹線は人しか運べないが、ベトナムは輸出入の割合が高く、貨物のスムーズな輸送の需要がとても大きい。飛行機の50％から70％の運賃だと

---

[102] VnExpress.net、2010年6月2日。

中流階級が利用できるだけですが、我々の人口の70％が農業をしていて、経済はまだ厳しい。計画は経済的に効果がないでしょう。なぜなら出された数字は実現不可能だからです。試算によると、毎日4万8千人の往来の需要があるということですが、誰もが新幹線に乗るわけではないでしょう。2020年までには、ベトナムの人口は9千万人を越えるかもしれないのに、4万8千人は比率があまりに低いですね。」[103]

　VnExpress.netはまた、国会のそれぞれの会議を詳細に報じ、各議員がこの巨大プロジェクトについて分析した意見を掲載した。

　VnExpress.netは、賛成を表明するいくつかの分析も加えて、この560億ドルの計画について多面的な視点を提供した。

2.2.2. 読者の意見

　さまざまな分野の専門家による分析に加えて、Tienphong.vnとVnexpress.netの二つのニュースサイトはどちらも、巨大新幹線計画についての議論に参加する多くの読者たちを引きつけた議論の場となった。

　政府がこの計画を国会に提出してから、ティエンフォン紙は、すぐに多くの反対意見とともに「新幹線計画を語る場」を開設した。二つのニュースサイトにおいて、それぞれの専門家の分析の下には読者のコメントが付されていた。Vnexpress.netのこの専門家の分析の部分は、最も力が入れられていて、ほとんどの文章に読者からのコメントが付いていた。

　「ここ数日、新幹線計画についての議論を追っていて私が問題だと思ったことは、議論があまりに細部まで入り込んでしまっていて、全体的に考え

---

[103] VnExpress.net、2010年6月2日。

られずに、これが一国の交通運輸システムの計画であることを忘れてしまっているということである。現在のように国がまだ貧しい状況において、どうしても鉄道システムと航空システムという南北をつなぐ二つの系統が併存する必要があるのだろうか。未だに、20年後にやっと我々はほかの東南アジア諸国に追いつくかどうかだと考えられているのに、現在、我々のように1,500kmもの新幹線システムを構築しようとしている東南アジアの国があるのか。チャン・ディン・バー氏は新幹線システムと航空システムの良し悪しを的確に分析している。1kmあたり3から4千万ドルも新幹線につぎ込んでただ一部の市民の往来だけに役立てることが正しいのか。しかもODAを借款してまで。ODAを借りるということがどんなことか、誰もが知っているはずだ。そこでは、債権者は少なくとも30％の利益を得るのである。」(読者のフイン・ヴー・ビン)[104]。

「国中が心配する声でいっぱいである。多くの地方はまだ貧乏だというのに、彼らは新幹線で5時間行けばハノイからホーチミン市に行けるなどと夢を見ている。何のためにそんなに高速で移動するのでしょうか。私が国会議員の皆さんにお願いしたいのは、そんなことが現実的でないと思ったならば、その現(うつつ)を抜かした考え方に率直に反論してもらいたいということである。何を恐れることがあるでしょうか。」(読者のドー・ホアイ・フォン)[105]。

「我々一般市民は新幹線について議論することもできなければ、新幹線導入案を決議する権利もありません。私たちは、最高権力機関におら

---

[104] ティエンフォン紙、2010年5月25日。
[105] ティエンフォン紙、2010年5月24日。

れる市民を代表する議員の方々の賢明な判断を見守りながら、彼らが市民に思いを致し、市民のために、国の将来のために考えてくださることを期待するしかありません。」(読者のグエン・ニュン)[106]。

「もし私が決定権を与えられたならば、現在のベトナムの状況において、巨大新幹線計画の実行を決定することは絶対にない。我が国はまだとても貧しく(現実的な目で市民の生活を直視せよ)、効果のある工事や計画、市民にとって生活水準を高める仕事が多く残っているのに、資金不足で実行できていない。なぜそのような計画を先に実行しないのか、その後で、条件が整えばしたいことを何でもすればいい。私は、この美しく夢のような新幹線計画を実行してしまって、結局は、我々が「もしそうだと知っていたなら…」と吐き出さなければならないようなことになって欲しくないのだ。」(読者のマイ・アイン・トゥアン)[107]。

Vnexpress.netの読者の意見欄はTienphong.vnと比べて断トツに多かった。Tien Phongでは、読者のフィードバック欄がいくつかの文章の後にだけ置かれたのに対して、Vnexpressではほとんどの文章に対して、それは国会の議論を詳述した文章にも、専門家のインタビュー記事にもすべてに読者のコメントがつけられていた。これについては二つの可能性がある。Vnexpress.netがTien Phongよりも多くの読者を持っている可能性(それを確かめるためには、社会学的調査表による個別の研究を行う必要がある。本書の紙幅の中では、それはできない。)あるいは、Vnexpressのウェブページの構成が読者の意見を投稿する際に、Tien Phongよりも基準

---

[106] ティエンフォン紙、2010年5月25日。
[107] ティエンフォン紙、2010年5月23日。

が緩い可能性がある。ベトナムの報道機関の独自性のために、全ての読者のコメントが表示される訳ではない。そして、そのような編集部によるふるい分けがTien Phongの方がVnexpressよりも厳しいのかもしれない。

しかし、対象の特徴並びにこの二つの電子版の特徴にも注意しなければならない。Vnexpressは純粋なネット上の新聞だが、一方でTien Phong onlineは紙のティエンフォン（Tien Phong）新聞の電子版である。そのため、全体の読者には電子版と紙の新聞の読者の両方が含まれている。

新幹線計画についての記事の中で、Vnexpress.netは実際に広くそして多様な意見をもった市民のための議論の場を造り出した。ネット上の読者のコメントは、この巨大計画についての政策を打ち出すに際しての、最も重要な、最も説得力をもった証拠となった。

著者の考察によると、南北新幹線の建設計画に賛成する読者の数は反対する読者の数に比べて少なかった。読者の反対意見は、国がまだ貧しく、新幹線のような遠大な計画を実行すべきではないという理由に集中していた。多くの意見が激しく計画に反対していた。

「ベトナムはあまり背伸びしすぎない方がいい、でなければ、新幹線で転んで痛い思いをすることになる。また巨大な計画を実行するという、それも借金で。一方では、市民が腹をすかして、敗れた服を着、埃っぽいぼろぼろの道を使っているというのに。」（読者のHND）[108]。

「この計画を支持している人はみな、国の実際の利益を全く考えていないのだ。現在の実際の需要というものを自問してみるといい。鉄道路線は今解決しなければならない喫緊の問題ではない。借金してまで全く効果

---

[108] VnExpress.net、2010年6月3日。

の分からない計画に投資するなどということは実に理に適わないことである。一方で、極めて多くの関心を向けるべき他の問題が残っている。この鉄道路線の実際の経済的利益は何だろうか。貨物輸送について言うならば、現在の鉄道で完全に間に合っている。旅客の輸送について言えば、新幹線はもっとふさわしくない。一年に何回汽車で（あるいは将来の新幹線で）移動するのか自問してみることだ。国の脊髄として南北を貫く路線がベトナムに必要なことは確かだが、今はまだその時ではない。」（読者のゴック）[109]。

　更に、Vnexpressに掲載された元記事の中で、政府が新幹線計画を実行することに対する支持を表明した文章があると、読者のコメントはその記事や著者に対して痛烈に反対した。代表的なものは、2010年5月24日に掲載された、株式会社知的経済発展会社会長グエン・ビン・ザン氏の「経済に何千億という利益を生むために巨大プロジェクトが必要だ」という記事である。この文章は90ものコメントが付き、その多くは著者の見方、考え方に反対するものだった。

　「会社会長であるグエン・ビン・ザン氏の「経済に何千億という利益を生むために巨大プロジェクトが必要だ」を読みました。そこから、筆者は、「現代の市場経済理論について多くを知っている」が、「市場経済」なるものの実際、とくに我が国の「社会主義に則った」市場経済の実質について明確に掴んでいないということが読み取れました。会長殿、「巨大新幹線計画」については、いくつか注意点があります。

　1. 日本のODA資金を使う計画になるだろうということ。ザン会長はご

---

[109] VnExpress.net、2010年6月4日。

存知と思いますが、ODAは借款であり、それはつまり時期が来たら返済しなければならないということです。この資金の使い方は決して「何千億という利益を生む」ものではなく、何千億という借金を返すものではないのですか、会長。

　2. ほかのODAの計画の特徴と同様に、材料、専門家、技術の費用は巨額で、外国からもってくるものです。どうして「何千億という利益を生む」などと言えるのでしょうか。

　3. 私は会社の社長でもなく、研究もできず、ほかの専門家のあれこれの数値や言葉を引用したりすることもできないし、「お金を造る」、「利益を生む」データのこともよくわからないのですが、会長にアドバイスを送ることはできます。曰く、「世界を観察するまえに、自らの足元に注意しなさい。」」(読者のチャン・ホア)[110]。

　「ポケットマネーを出して計画を実行するなら、みんな1ドンでも出し惜しみして、頑張ってこんな説明をしやしないだろう。」(グエン・トゥアン)[111]。

　「私の個人的な考えは、市民の利益に役立つことなら賛成だ、というものだ。」(ナム・レー)[112]。

　「政府は550億ドルを使って国道1A線を広くし、多くの高速道路を増やすこともできる。その方が明らかに全ての市民のためになる。遠大な新幹線計画によって経済にお金を注入することで、我々は第二のギリシアになり、一般の労働者の大部分には何の恩恵もない。私は自分の子孫に借金

110　VnExpress.net、2010年5月24日。
111　VnExpress.net、2010年5月24日。
112　VnExpress.net、2010年5月24日。

を払わせたくない。」(ホアン・ヴィエット)[113]。

　その他のコメントを多くつけられている記事は、専門家の計画についてのインタビュー記事である。ほとんどのコメントは、新幹線計画は不合理であるとする専門家の分析に賛成するものである。多くコメントが付いた記事で代表的なものは、「世界銀行、新幹線計画には慎重であるべきとベトナムに警告」(コメント数57)、「あと10年したら新幹線について話し合おう」(コメント数67)、「日本の新聞が新幹線計画について書く」(コメント数34)、「新幹線建設は見せびらかすためではなない」(コメント数63)、「国会が新幹線計画を承認しないことを望む」(コメント数56)などである。

　多くの議論の場、特に新聞紙上における読者のコメントと専門家の分析によって、第7期国会第7回会議(2010年6月19日)は、国会の歴史上初めて、政府提出の計画に反対した。これは多くの面から歴史的な決定であったといえる。国会というものから考えると、国会が政府提出の計画を通過させなかったのはこれが初めてであり、国会の民主的で正直な精神が日に日に高まっていることを示している。経済の面から考えると、これは賢明な決定であり、国が巨大な借金を抱えないことを保証した。民主という面から考えると、これは市民の心に添う決定であった。

　「国会は実際に自分自身を克服した。正式な投票の際、提案1への賛成は42％、提案2に対してはわずか37.5％の賛成であった。過半数に達しなかったため、国会は新幹線への投資提案に同意する決議を出さなかった。これは歴史的な決議であり、多くの専門家の心をとらえ、有権者はより国会に対して信頼を寄せるようになった。

---

[113] VnExpress.net、2010年5月24日。

これはベトナム国会史上未だかつてなかった決定である。少なくとも4、50年間にはなかった決定であり、国会の全歴史にわたってなかったといっても過言ではない。市民や専門家の声に耳が傾けられた。国会議員たちは大いに迷い、検討し賢明で合理的な、市民の心に添う決定に至った。」[114]。

　世論調査の結果についての評論において、元国会対外委員会副主任で教授のグエン・ゴック・チャン博士はこう考えている。国会は自分自身を克服した。なぜなら、博士によると、「これは、初めてではないにしろ、非常に稀有なケースである。政府の提出した内容が国会によって基本的には承認されなかったのである。」その意味で考えれば、博士の認識は正しい。特に、博士はかつて長い期間にわたって、積極的で率直な国会議員であり、今回の経緯と博士の任期中を比較するための経験をお持ちに違いないからである。

　国会の投票結果は、市民の心に添う決定であった。市民の声を国会は受け取ってくれるということが分かった。それは、報道における社会批評が国の政策を変え、市民の権利を守ることに貢献したということでもあった。

---

[114] ティエンフォン紙、2010年6月20日。

3. ハノイの歴史的水害と新幹線計画についてのTienphong.vn並びにVnexpress.netの社会批評技術

3.1. ネット上で写真表現を使う技術

　ホットな時事問題を報じるために、写真を使った伝達法がやはり情報の価値として最も効果が高いと思われる。直接事件を目撃させる方法よりも読者を納得させられるものはない。そのため、写真報道は「何千ページもの文章に匹敵する」くらいの力をもつ。記者が写真を使って読者に情報を伝えたいと思えば、彼は事件の現場に行き、写真によってその事件の「証拠を押さえる」必要がある。そのため、報道の写真は決して嘘をつかないのである。

　写真から情報を受け取るとき、その内容はほとんど即座に受け手の感情に訴えかける。それもまた写真による報道方法の強みである。

　Tienphong.vn並びにVnexpress.netを運営する人たちはこの写真報道の強みを明確に理解していたために、2008年のハノイの大雨の件についての記事では、伝達方法のうち写真報道が大きな部分を占めていたのである。何千メートルもの道が水に沈み、市民の生活は洪水によって困窮し、公共施設が使い物にならなくなり、何千ものバイクや車が広大な水の下に浸かっていた。これは大雨について報道した際の二つの電子版の写真ルポにおけるよく撮られた写真の情景である。

　我々がTienphong.vn並びにVnexpress.netについて調査したところでは、Vnexpress.net上の大雨に関する情報、記事の総数は115であり、Tienphong.vnのそれは85であった。その115の情報、記事のうち33が、

85のうち6が写真ルポであった。他に比べても写真ルポの量が大変多かった。

二つの電子版における代表的な写真ルポの例は、「水に沈むハノイ」[115]、「ハノイで洪水にあった車」[116]、「首都で魚釣りをし、船を漕ぐ」[117]、「歴史的大雨の後のハノイの日常」[118]、「首都の街路における洪水の惨状」[119]、「二晩マンションの地下駐車場に沈んだ18台の車を救い出す」[120]、「歴史的大雨にハノイ住民が思うこと」[121]、「ディン・コン区を包囲する洪水」[122]、「ハータインプラザの地下駐車場に沈んだ何百もの車を引き上げる」[123]、「大雨の中、増水する湖で魚を捕る」[124]、「水の中の結婚式」[125]、「首都でいちばん深い場所の写真」[126]、「ハノイ住民のユニークな水上移動法」[127]、「タンマイの「オアシス」生活」[128]、「異常な大雨に沈むハノイ」[129]、「ハノイ、雨に沈んだ当初」[130]、「ハノイ、洪水三日目」[131]、「トー川、魚が大漁」[132]

---

[115] VnExpress.net、2008年10月31日。
[116] VnExpress.net、2008年10月31日。
[117] VnExpress.net、2008年11月1日。
[118] VnExpress.net、2008年11月2日。
[119] VnExpress.net、2008年11月2日。
[120] VnExpress.net、2008年11月3日。
[121] VnExpress.net、2008年11月3日。
[122] VnExpress.net、2008年11月3日。
[123] VnExpress.net、2008年11月4日。
[124] VnExpress.net、2008年11月4日。
[125] VnExpress.net、2008年11月4日。
[126] VnExpress.net、2008年11月4日。
[127] VnExpress.net、2008年11月4日。
[128] VnExpress.net、2008年11月5日。
[129] ティエンフォン紙、2008年10月31日。
[130] ティエンフォン紙、2008年10月31日。
[131] ティエンフォン紙、2008年11月2日。
[132] ティエンフォン紙、2008年11月3日。

第2の事例 ハノイの歴史的水害と新幹線計画 Tienphong.vn と Vnexpress.net の社会批評技術

などであった。

　二つのニュースサイトに掲載された写真は、国内の報道と相まって、世界中の読者に、2008年の暮れにおけるハノイの大雨の状況について全体的であると同時に具体的な視点を与えた。

　報道機関の情報伝達にとって、当該事件がリアルタイムで展開している場合、その事件の経過を表した写真を直接撮影する以上に優れた情報伝達の方法はない。この場合、報道写真や動画は何千ページもの文章に値する価値をもつ。

　「その本質を鑑みるに、情報伝達は報道の基本的機能である。現代のような情報が氾濫する時代において、多くの、異なるチャンネルから情報を得たいという人々の要求は日に日に増している。そのようなチャンネルは性質並びに表現法式から考えると、みな特徴と強みをもっている。新聞を読みたいと思う人もいる。印刷物が定期的に届き、それを文字ごとに、文章によって記者が描写した出来事に沿って、考えるのである。聴覚によって情報を得たいと考える人もいる。その情報は拡大する力が大きいからである。あるいは、もっと多くの異なったチャンネルから情報を得ることのできる人もいるかもしれない。しかし、多くの理由から、記者の目、記者のシャッターを押す瞬間の選択による生き生きとした現実を映した写真によって、事物や事象を表現し、理解したいと思う人は少なくない。写真を見ると、読者は自らがその事件とともにあり、直接事件を目撃している、事件が今起こっているように感じ、現場に行ったり、文章を読むように労力と時間を浪費しなくて済む。(中略)多くの場合、一枚の写真は、長い文章やだらだらと長い無意味なインタビューの何倍も価値がある。写真が受け入

れられるかどうかは、当該事件の実際の意味や記者が伝える問題、記者がどの瞬間にシャッターを押したかなどによるが、少なくとも写真は記者により多くの信頼性と説得力を与えるのである。写真、特に報道写真の当然の利点によって、見るものは直接対象を見ていないが、写真のおかげでそれが何をしているのか、どのようにしているのかをかなり正確に知ることができる。写真を通しての直接的で具体的な認識によって、見るものは現実についての某(それがし)かの結論を出すことが容易になるのである。」[133]。

　ハノイの水害についての記事の中で、写真ルポによってVnexpress.netとTienphong.vnの記者は読者に、大雨とそれがもたらした被害に関する、異なる角度からの多くのリアルな写真を見せた。

　この二つのニュースサイトの記事に掲載された写真は基本的なアプローチから三つに分けることができる。それは、市民の生活に関するアプローチ、被害に関するアプローチ、そして被害の克服に関するアプローチである。

　それぞれのアプローチから、記者たちは最もリアルで生き生きとした写真を撮ろうと努力した。この写真群を通して、二つのニュースサイトの記事における記者たちのチャレンジ精神も感じることができた。

　大雨は2008年10月30日に始まった。早くも2008年10月31日の朝には二つのニュースサイトに写真記者のホアン・ハーの写真ルポ（Vnexpress.net）とファン・キエンの写真ルポ（Tienphon.vn）が掲載された。二人の写真記者は、一晩中続いた大雨によって、ハノイ市がひどい浸

---

[133] グエン・ティエン・マオ、『報道写真理論の基礎』、2006年、通信出版社、54-55頁。

第2の事例 ハノイの歴史的水害と新幹線計画 Tienphong.vn と Vnexpress.net の社会批評技術

水の状況になりつつあることを伝えた。それぞれの大通り、小路、学生の下宿に至るまで都市全域の光景を様々な角度から撮影した写真によって、読者は概括的かつ具体的に水害についてまず初めの認識を得ることができた。写真を見るだけで、この歴史的水害の影響の度合いというものを想像することができたのである。

グエン・クイェン通り、水がバイクのタイヤまで達し、多くの人がバイクを押してあるいている。（ホアン・ハー撮影）

車が水の流れをかき分けて進んでいく（ホアン・ハー撮影）

室内で水浴び－2008年10月31日、チャン・ズイ・フン通りに面したある学生の下宿の部屋で撮影した写真。(ファン・キエン撮影)。

報道写真だけにとどまらず、Vnexpress.netにはまた、大雨の状況を伝える短い動画も現れた。

2008年10月31日付け、Vnexpress.net上の動画。

このような写真という方法による情報伝達こそが、社会批評の第二段階において、二つのニュースサイトの社会批評に貢献した。大雨に関するリアルな写真は最も明確な証拠であり、どんな根拠に基づいてもそれを否定することはできない。

社会批評の、真理へ、正しいことへと近づいていく道程において、理性という要素は、社会批評がその使命を完遂し、読者に社会批評に対する絶対的な信頼をもたせるためには欠かせないものである。二つのニュースサイトVnexpress.netとTienphong.vn上のハノイの歴史的水害についての記事における何百もの写真群は最も正確な理性的根拠であり、その後に展開した社会批評がより説得力をもつのを助けたのである。

3.2. 新幹線導入計画について編集部以外の発信元によって行われたニュースサイトという方法を使う技術

　新幹線導入計画についての記事における、Vnexpress.netとTienphong.vnの二つの電子版の社会批評のもっとも成功した要素を決めるとすると、それは二つの編集部以外の記事と編集部の記者による分析をうまく結び付けたことだと、すぐに気がつく。その編集部以外の記事とは専門家による分析と読者のコメントである。

　三種類の情報系統、つまり編集部の記者、専門家そして読者が、強固な「鼎立状態」をつくり出し、社会批評を成功させた。一連の記事の社会批評の力はまた、編集部の一貫した、タイミングのいい、バランスのとれた各要素の結合に起因している。

　「誰でも、いかに聡明で何にでも通じているような人でさえも間違いを犯す可能性があり、固定観念をもっている、あるいは自分本位な価値観に影響されていることもある。マイナスの影響を避け、多くの人に影響を与える決定がより客観的で不偏不党であるようにするためには、公開討論、専門家と影響を被る人々の意見を聞き、決定の多くの面での影響を計算し評価するという手続きが踏まれることが当然求められる。これは先進国で行われ、国際組織も支持しているやり方である。

　ベトナムには、政策や法的規定を定める際にこのプロセスを促進するための法的規定がすでにある。それは、この分野におけるベトナムの重要な進歩である。問題はどうやってこの規定と手続きを有効に実行するか、適切に修正、整備していくかということである。

　その意味に従って理解すると、社会批評は多くの異なった方法で実行

することができる。意見のある人が直接関係機関に訴えることもできるし、その問題についてのシンポジウムや討論会に参加することもできるし、報道に自分の意見を載せることもできる。報道が重要な方法である理由は、その公開性にある。報道に載った意見は多くの人が討論でき、多くの異なった視点から論争することができる。一つのユニークな意見が他の何千という意見にインスピレーションを与えることもある。それは、多くの人に関わる問題について共通意見をつくり、公の討論をするのには効果的な方法なのである。

　多様な意見、少数意見に耳を傾けることは極めて重要なことである。多数の意見が正しいという訳ではなく、時に少数意見が、さらに言えばたった一人の意見が一考に値することもある。そのため、多様な意見を聞き、少数意見であっても聞かなければならない。報道を通した市民の声が聞き取られることによって連鎖の環ができ、それは自然と良い方向へ増幅される。政策の質は高まり、市民は公共の仕事に参加し、指導層の威信は高まり、そしてそれがまたその後の政策と決定をより良いものにしていく。

　逆に、市民の声が耳を傾けてもらえず、反応もしてもらえなければ、彼らは政治の主体となる役割に対する信頼を失い、国家への信頼は薄らいでいき、彼らの意見は建設的でなくなってしまう。このような連鎖の環は政策や決定を弱めるだけで強めることはない。よい連鎖の環を促進し、後ろ向きの連鎖の環を打ち破ることは国家と報道機関の責任である。この間の新幹線計画についての議論はこのようなよい連鎖の環をつくる可能性がある。是非それを育て、強化して欲しい。」[134]

---

[134] ティエンフォン紙、2010 年 6 月 22 日を参照せよ。

我々の調べたところによると、二つの電子版の新幹線計画についての記事において、専門家の記事と読者のコメントが、量の面で記者による記事よりも圧倒的に多かったことは明らかだった。ほとんどの編集部の記者による新幹線計画関係の記事は、世論を賑わせた国家における巨大プロジェクトにまつわる討論の経過を詳述したものであった。

　我々の調べたところによると、ティエンフォン紙に載った新幹線計画関連の50の記事のうち、36は編集部以外の記事だった（そのうち、専門家のインタビュー記事がその中心を占めた）。その他、19が読者のコメントであった（選ばれてTienphong.vnに掲載されたものだけを数に入れた）。

　Vnexpress.netの場合と同様に、59の新幹線に関する内容の記事のうち、編集部以外のものが42であった。その他、新幹線計画に関する59の記事の全てに読者のコメントが付されていた。

　このように、数は異なるが、二つのサイトの編集部がどちらも相当な量の編集部以外の情報を存分に利用し、それは内容の大部分を占めていた。

　この編集部以外の情報を使うという選択は、Vnexpress.netとTienphon.vnの二つのニュースサイトをつくっている者の極めて巧みな社会批評の手法であるといえる。なぜなら、「批評とは、人間の行動の科学性を測る行為であり、人が当該行動を準備しているときに現れてくるものである。批評はそれぞれの行動が、それが科学的性質を有していると確認された上で実行されるようにするのである。批評が行われないという事はつまり、人間がおざなりに行動し、社会による当該行動の妥当性、正当性の確認には注意を払わなくなる、ということを意味する。社会批評は政治的な概念であり、民主的生活というものが最も専門的な特徴を帯びて

現れた形である。民主的社会における批評は一種の「反行動」である（「反行動」であって「反動」ではない）。それは、それぞれの行動と並行して起こり、全ての行動に対して対立して現れてくるものである」[135]からである。

　仮にある社会が社会批評をもたず、全ての行動が無批判に行われるとすれば、それは社会の非民主制を最も明確に表していることになる。なぜなら、それぞれの政治的行動はいかなるときにも政局の妥協の結果となり、一つの政治的行動は生活の必要からの催促であり、生活のそれぞれ異なる願望のバランスを取るためのものになってしまう。今回の新幹線についての計画において、読者の意見は市民の願望を表現していた。しかし、それは記事群の社会批評を価値あるものにすることに貢献した主たる要素ではなかった。それは社会批評の価値を強固にした情報であった。それは、記事に一つの情報ソースを加え、読者が参照する機会を与えたのである。

3.3. インターネット報道という形を通した社会批評の技術

3.3.1. すばやい情報更新

　テクノロジー、コンピュータ、そして特にグローバルなインターネットサービスの発展により、ニュースサイトの記者たちは容易に事件に当たり、すばやく記事を書き、電子メールを使って編集部に送ることができる。速い伝達速度によって、記者が事件の経過をリアルタイムで伝えることさえも可

---

[135] グエン・チャン・バット『未来との対話』、2010 年、作家協会出版社、565 頁。

能である。例えば、サッカー中継や記者会見、火事や洪水などを報じる際などである。即時性だけでなく、インターネット報道はまた読者が常に情報を更新することを可能にする。このことは、記者がいつでも追加情報を掲載でき、他の報道形態のように紙面に配置したり、構成を考えるのを待つ必要がないという点で紙の新聞あるいは他の報道媒体とは異なる。そのため、インターネット報道は、定期刊行ではなく常時的であるという特徴をもつ。この特徴により、インターネット報道が伝達の速度、量、新鮮さ、そして読者にとっての利便性という点で他の報道形式を簡単に凌駕している。多くの人が情報を得るためにインターネット報道に行きつくのはこのためである。

　水害と新幹線に関する二つの報道のうち、特に水害についての報道では、Vnexpress.netとTienphong.vnは水害の状況についての情報を絶え間なく更新することにおいて、インターネット報道の特徴を発揮したといえる。仮に紙の新聞の場合であれば、水害は2008年10月30日の夜に起こったので、もし間に合っても10月31日の朝に記者がその現象を取り上げて記事を書くことになっただろう。しかし、水害についての印刷されたものが実際に読者の手に届くのは、11月1日の朝になっていたはずである。なぜなら、新聞には定期的に刊行されるという性質があるからである。

　この場合、Vnexpress.netとTienphong.vnの二つのニュースサイトでは、印刷される新聞の定期性という障害は取り除かれていた。10月30日の夜、ハノイの中心部の大部分が大雨のため浸水していたが、早くも翌朝にはVnexpress.netは最初のニュースをネットに上げている。Tienphong.vnはそれより遅れたが、それでも10月31日の午後3時には、

かなりユニークな写真ルポによって最初のニュースを掲載した。

10月31日に、それは水害の最初の日であったが、Vnexpress.netは早くも四つの写真ルポと八つの記事によって状況についての情報を掲載した。常時性という利点によって、水害の初めの日にVnexpress.netは、影響を被った生活のほぼ全ての面についての情報を掲載することができた。記録的な雨量から、市民の生活がどのように混乱しているのか、根こそぎ倒されてバスの上にのしかかった木や、滞る商売、洪水に遭った車がどのように被害を受けたかなどを報じた。更に、Vnexpress.netの記者はネットをチェックして、ネットの住民がこの事件に対してどのように反応しているのかという情報を確認した。全ては読者がこの歴史的水害について概括的かつ詳細に知ることができるようにするためだった。

Tienphong.vnは水害の状況について伝えた写真ルポと最新の深い内容の記事を掲載した。特に2日目のTienphong.vnには12の記事があり、朝から夜までバランスよく掲載された。Vnexpress.netも11月1日には七つのニュースと文章を載せていた。更に、それぞれの記事に付された読者のコメント（ほぼ全ての時点で）で、この二つのニュースサイトの読者は追加情報を更新していた。

常時性という利点は、制限のない「土地」（紙面）と相まってVnexpress.netとTienphong.vnがタイミングを逃さず最も詳しく、明確に、深くこの水害について報じることを可能にした。この水害のような高いニュース性をもつ事件においては、インターネット報道は情報伝達で最も有利であることを示している。

新幹線計画においても同様に、それぞれの出来事は時をおかずに二

つのニュースサイトにアップされた。同様にホットな話題ではあったが、新幹線計画のニュース性は水害のニュース性とは異なっていた。水害のような事件であれば、情報更新は時間ごと、時にはその予測の難しさによっては分ごとになされなければならないが、一方、新幹線計画についての案件は、そこまで重く分刻みの更新などという意味での時間の問題を問われることはない。新幹線計画の件においてはより広い時間の幅で更新に対する要求に応えればよかった。そのため、時間の要素は決定的ではなかった。

　Vnexpress.netとTienphong.vnの二つのニュースサイトの常時性は、政府が国会に新幹線計画を提出してから国会がこの巨大プロジェクトに賛成あるいは反対を評決するその時までの間、何らかの根拠を出し、最も説得力のある分析を出したというところに現れている。この特徴により、読者は水害のニュースの場合のように新鮮さは感じなかっただろう。

　実際は、その一連の時間の中で、各紙は自らの記事の戦略を練り、記者たちは一生懸命「走って」、記事の戦略を最速で実現しなければならないのである。

3.3.2. マルチメディアの活用

　インターネット報道における、技術の応用によるもう一つの利点は、それが多くの技術と相性がいいということ(マルチメディア)である。別の言い方をすると、インターネット報道は総合的な報道形式であるということである。一つのニュースサイト、あるいは一つのネット上の記事でさえも、文章とも、音声とも、動画とも相性がいい。

第2の事例 ハノイの歴史的水害と新幹線計画 Tienphong.vn と Vnexpress.net の社会批評技術

　ニュースサイトを読むとき、読者は印刷された新聞と同様に、どのページでも自分が興味のある記事を自分で選んで読むことができる。それと同時に、写真や動画を目で見て、音声を聴くことができるが、それは時間と空間の要素に縛られない。このような適合性によって、インターネット報道は他の報道形式の魅力的な要素を取り込むことができ、そのためによりリアルに、より魅力的になるのである。

　Vnexpress.netとTienphong.vnの二つのニュースサイトにおけるハノイの水害と新幹線計画についての記事のうち、水害についての記事においてこのマルチメディアを使う性質が現れていた。

　その記事において、ニュースの総合力は多くの異なった報道形式のもとに表れていたが、とくに写真ルポに色濃く表れていた。特に写真ルポの、そして写真による報道一般の情報伝達と社会批評の効果はかなり注意深く分析されていた。

　Vnexpress.net上では、我々の簡単な統計によると、水害についての記事において、約142の写真が使われている。Tienphong.vnにおける写真の数は96であった。それぞれの写真は、その事例における問題の細部にわたって十分にまたリアルに伝えている。写真を見ることで初めて、そこに写っているようにリアルにそしてはっきりと水害における人々の困難が浮かびあがってくるのである。

　頭に袋をのせ、前かごにハンガーを山積みにし、ひざ丈のズボンで自転車を押しながら水の中を掻き分け日用品を運ぶ男性の写真一枚だけで、何千の文で描写するのと同じくらい見る者に首都の住民の苦労について心で感じさせることができる。

写真：ホアン・ハー撮影、Vietnamexpress.net

　あるいは、二段ベッドの上段に座って部屋にあふれる水とそこに浮かぶ鍋や日用品を見つめる学生の写真もまた、見る者に他のどんなツールで伝えるよりもよりリアルに水害の状況を想像させるに十分な力をもっている。

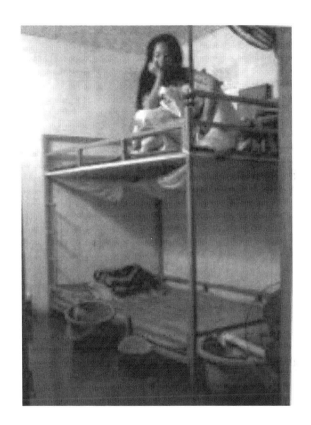

写真：ファン・キエン撮影、Tienphong.vn

　マスコミについての理論では、何か出来事が起こった時、かつてはそれぞれの伝達方法にそれぞれの仕事を「割り振って」いた。つまり、ある事件が起こると、まずラジオが報じ、テレビが詳細を伝え、新聞が論評する形だった。しかし、インターネットニュースサイトが正式に登場してからは、こ

の新しい伝達形式は、この三つの伝達形式全ての役割を同時に担うことができた。また、ニュースサイトは事件についてすぐにニュースを伝えることができ（さらに、テレビと同様、ニュースサイトは事件についてネット上で詳細に伝えることもできる）、その後も、定期的に発行するのではないので、事件についての情報、写真、あるいは動画をも追加することができる。そしてニュースを伝えた後、普通の新聞と同じように事件についての評論を載せることもできる。そうだとすると、ラジオ、テレビ、新聞の異なる三つの伝達形式において順番に現れていた三つの報道の役割全てを、マウスをクリックするだけで享受することができる。それは、それらが全てリンクを付ける機能のおかげでニュースサイトの記事の中でみることができるのである。

　このように、マルチメディアという機能によって、インターネットニュースサイトは、従来の三つの伝達形式が一緒になったという強みをもつというだけではなく、全ての情報が一つのパソコンのスクリーンの中で見ることができるので、読者にとってはより便利になったのである。

　ハノイの水害についての記事において、Vnexpress.netもTienphong.vnもマルチメディアを使えるという自らの利点を余すところなく活用した。そこでは、ニュース、論評、動画などが途切れることなく掲載され更新された。読者はそれによって情勢について概括的でかつ具体的に、あるいは新聞を読んでいるように、あるいはラジオを聴いたり、テレビを観ているように知ることができたのである。

3.3.3. 双方向性の利用

双方向性は報道における重要な特徴の一つである。人類の生活水準が高まると、情報に関してその要求が満たされ、読者の報道機関との相互作用も益々重視されるようになる。いかなる報道形態においても、この性質は報道を行う者が心すべきことである。インターネット報道の場合、顕著な技術的特性のために、その双方向性は他の報道形態に比べて群を抜いている。

インターネット報道では、読者と編集部の間でのやりとりにとどまらず、読者と記者、読者と読者、読者と記事中の人物など多方向の相互コミュニケーションがみられる。ニュースサイト上でのやり取りはほかの媒体に比べて格段に速く便利である。掲載された記事のすぐ後にはコメント欄が設けられており、読者は簡単に、情報を受け取ってすぐ自分の意見を述べることができる。このようなことはテレビやラジオ、そして紙の新聞では見られないことである。

高い双方向性によって、Vnexpress.netとTienphong.vnは、2008年のハノイの記録的水害と2010年の新幹線計画の記事において素早く、タイミングよく、総合的に情報を提供することができた。特に、新幹線計画についての記事では、インターネット報道の双方向性により、読者コメントの何千という意見を載せることができた。このコメントによる情報は記事の社会批評のプロセスにもよい影響を与えた。

ハノイの水害についての記事では、読者からの投稿によってニュースサイトは、編集部記者がいつでも現場に取材して伝えられるわけではない新しい情報を更新し、追加することができた。

読者コメントによって、二つのニュースサイトは、記事の質について直接に判定し、批評をする集団をもつことになった。Vnexpress.netに掲載されたそれぞれの記事の下で、読者のコメントが直接にその記事に対する同調や支持、感嘆あるいは反対の態度を表明していた。更に、仮に情報が不正確である場合は、読者からのコメントによって編集部が記事の中の情報を修正することができた。このように、一つの問題に対して多方向の意見がある場合、インターネット報道の双方向性は読者に自分の意見を即座に表明する機会を与えることができる。一つの記事でも多くの異なった観点をもった多くのコメントが付されるので、多くの記事が、一つの小さな議論の場になることができるのである。
　新幹線計画についての一連の記事の中で、2010年6月24日のVnexpress.netに掲載されたグエン・ビン・ザン氏の「経済に何千億という利益を生むために巨大プロジェクトが必要だ」は、国が発展するために新幹線計画を支持するという意見だった。記事の作者は、もし思い切って新幹線計画のような大きな計画を実行して世界の発展についていくのでなければ、ベトナムは世界の遅れた、貧しい農業国のままだ、と考えていた。
　この記事にはその下に90の読者コメントが付された。その90の読者コメントは、実際に計画について多くの記事に反対する意見をもった小さな議論の場をつくり出した。
　このように、高い双方向性により、読者から様々な観点を得て、インターネット報道は自らの記事において高い社会批評の価値を実現したのである。

3.4. 二つの記事の社会批評における「合理的行動」理論と「対象への情報伝達」理論の「ベトナム化」の技術

ハノイの水害と新幹線計画に関する二つの記事群は、それぞれの記事における社会批評の中に「合理的行動」理論と「対象への情報伝達」理論を明確に実践していた。

「合理的行動は個人に集中する傾向があるが、それは、人間の行為に対する社会的な働きかけの影響を強調するものである。それによると、新しい行為を試す決定をする前に、人は、当該行為の利益と不利益を慎重に勘案し、他者が行う、あるいは考えることに配慮しなければならない。」[136]

合理的行動理論の実践を最も明確に見て取ることができるのは、新幹線計画についての記事においてである。計画についての初めの報道から、それが巨大な計画であり、もし実行されれば、これまでになかった規模の巨大な投資経費が必要になり、確実に国の経済に多大な影響を与え、現在だけでなく未来の社会にも大きな影響がある、ということが明らかとなった。

そのため、計画を支持するか、あるいは反対するかを決める前に、Vnexpress.netとTienphong.vnは、この計画の国と市民にとっての利益と不利益を慎重に評価した。計画に対して多くの異なった角度からの説得力のある専門的分析、並びに読者、つまりこの巨大プロジェクトから直接影響を受ける市民への世論調査をおこなった後、計画の喫緊の問題を具

---

[136] グエン・ヴァン・ズン、ドー・ティ・トゥー・ハイン、『報道、その理論と基本技術』、2006年、政治理論出版社、54−55頁。

体的に分析し証明していった。計画は今現在の時点で国にとって利益のないものだった。二つのニュースサイトは、重要な対象となるグループの中にコミュニケーションを造り出すことができた。そのグループとは、直接に計画の影響を受けるグループと科学的に最も正確に計画を評価し認識できるグループである。この対象となるグループが、この560億ドルも使う計画に対する支持する、あるいは反対するための科学的で実践的な基礎を強固にしたのである。

読者の思考に訴えかけることで、読者が持っている情報に確かな影響を与え、2010年6月19日、第12期国会が計画を承認しなかったことで、二つのニュースサイトは確かに成功したのである。

ハノイの歴史的水害についての記事群において、記者たちはもう一つの違う方法で読者の思考に訴えかけた。それはリアルな直観であった。記事における写真をつかった多くの情報を掲載することによって、水害の深刻な被害についての報道に対する読者の信頼を強めた。

この説得力のある作業によって、その後に取り上げられた問題は、読者の高い信頼と支持を得るとができた。中央の指導者が水害の際の問題について声を上げたということに加えて、ハノイ市は水害において人的ミスが招く悪影響の克服を目指すという決定を出した。それは科学的な方法に則った社会批評の成功であった。

「対象への情報伝達」理論もまた、二つのニュースサイトによって社会批評が効果的になされるために徹底的に応用され、そして成功を収めた。

この理論によると、読者の認識、考え方に影響を与えるように内容を構成するためには、次のようなことに注意する必要がある。それは、論を立

てる際の論理性、論点、論拠、論証が明確であるということである。主に思考に訴えかけるのだから、説明、言辞、範疇、概念が正確に運用されなければならない。また証拠となるデータは高い説得力をもつものでなくてはならない。内容の配置は論理的で広くなくてはならない。従って、それぞれの考えを短く切って短い段落とし、記事を読み易くする。

「主に読者の感情に訴えるように内容を構成するためには、次のようなことに注意する必要がある。」報道の状況、環境、雰囲気に注意する。継続性、つまり、受け取ってもらえる可能性をもたせ、説得力を増すために、何度も説明するということ、説明、言辞、書き方は対象となる読者層に身近であることに注意する。

ハノイの水害についての記事群において、この理論の観点で考えると、二つのニュースサイトは、単純な情報を読者に届ける段階から主に写真という手段を用いたことで初めから正しい方向に向かっていたということを示している。写真は、見る者の大脳に直接働きかけ、そして感情にも影響を及ぼした。初めの報道から読者の心をとらえたことによって、その後の水害の被害の原因を指摘するための分析と仮説は神経の中心に強く働きかけ、読者の思考と信頼に強い影響を及ぼした。そして、思考への影響は読者が受容する情報の確実性を生み出したのである。

新幹線計画についての記事群は巧みに読者の神経の二つの領域に同時に強い影響を及ぼした。計画が市民に受け入れられていないことを示す多くの読者の記事に対する賛同コメントは、大脳に作用し、読者の心に信頼を生み出したのである。論理的で理性的な専門家の分析は情報に対する読者の固い信頼をつくり出したのである。

参考文献

1. ゴー・ヴァン・ズー、ホアン・ハー、チャン・スアンザー、『第10回全国党大会文書における専門用語の研究』、国家政治出版社、2006年

(Ngô Văn Dụ, Hồng Hà, Trần Xuân Giá, *Tìm hiểu một số thuật ngữ trong Văn kiện Đại hội đại biểu toàn quốc lần thứ X của Đảng*, NXB Chính trị Quốc gia, Hà Nội, 2006.)

2. グエン・ヴァン・ズン、ドー・ティ・トゥー・ハイン、『報道、その理論と基本技術』、政治理論出版社、2006年

(Nguyễn Văn Dững, Đỗ Thị Thu Hằng, *Truyền thông, lý thuyết và kỹ năng cơ bản*, NXB Lý luận Chính trị, Hà Nội, 2006.)

3. ピーター・イング、ジェフ・ハドソン、『叙述と発信―基本事項マニュアル』、ヴー・ホン・リエン訳、インドシナ報道記念基金、2001年

(Peter Eng và Jeff Hodson, *Tường thuật và đưa tin – Sổ tay những điều cơ bản*, Vũ Hồng Liên dịch, Quỹ tưởng niệm Báo chí Đông Dương (2001).)

4. グレベニコフ、『市場経済下の報道』レ・タム・ハン、グー・ファン、ドイ・ティ・キム・トァ訳、通信出版社、2003年

(Grabennhicốp, *Báo chí trong kinh tế thị trường* – Lê Tâm Hằng, Ngữ Phan, Đôi Thị Kim Thoa dịch. NXB Thông tấn, Hà Nội, 2003.)

5. ヴー・クアン・ハオ、『報道言語』、ハノイ国家大学出版社、2004年
(Vũ Quang Hào, Ngôn ngữ báo chí, NXB Đại học quốc gia Hà Nội, 2004.)

6. ロイク・エルヴォワ、『読者のために書くということ』、レ・ホン・クアン訳、ベトナム記者協会、1999年
(Loic Hervout, Viết cho độc giả, Lê Hồng Quang dịch, Hội nhà báo Việt Nam (1999).)

7. グエン・クアン・ホア、『記者と編集部』、報道文化出版社、2002年
(Nguyễn Quang Hòa, *Phóng viên và tòa soạn*, NXB Văn Hóa Thông tin, Hà Nội, 2002.)

8. グエン・ディン・ホエ、『自然、環境保護についての社会批評』、科学技術出版社、2009年
(Nguyễn Đình Hòe, Phản biện xã hội về bảo vệ thiên nhiên va môi trường, NXB Khoa học và kỹ thuật, Hà Nội, 2009.)

9. ファム・タイン・フン、『報道専門用語』、ハノイ国家大学出版社、2007年
(Phạm Thành Hưng, *Thuật ngữ bái chí truyền thông*, NXB Đại học quốc gia Hà Nội, 2007.)

10. ディン・ヴァン・フォン、『編集部の組織と活動』、ハノイ国家大学出版社、2004年
(Đinh Văn Hường, *Tổ chức và hoạt động của tòa soạn*, NXB Đại học Quốc gia Hà Nội, 2004.)

11. ディン・ヴァン・フォン、『ディン・ヴァン・フオン、『通信社の報道スタイル』、ハノイ国家大学出版社、2006年

(Đinh Văn Hường, *Các thể loại báo chí Thông tấn*, NXB Đại học Quốc gia Hà Nội, 2006.)

12. 報道通信学部、『報道、その理論と実践』第7集、ハノイ国家大学出版社、2011年

(Khoa Báo chí và Truyền thông, *Báo chí, Những vấn đề lý luận và thực tiễn*, NXB Đại học Quốc gia Hà Nội, 2010, tập 7.)

13. 通信出版社、『記事執筆技能』、通信出版社、2006年

(Nhà xuất bản Thông Tấn, *Kỹ năng viết bài,* NXB Thông Tấn, Hà Nội, 2006.)

14. X.A.ミハイロフ、『現代海外報道、原則と逆説』、通信出版社、ハノイ、2004年

X.A.Mikhaikốpm, *Báo chí hiện đại nước ngoài: Những quy tắc và nghịch lý*, NXB Thông tấn, Hà Nội, 2004.

15. グエン・ティエン・マオ、『報道写真理論の基礎』、通信出版社、2006年

(Nguyễn Tiến Mão, *Cơ sở lý luận ảnh báo chí*, NXB Thông tấn, Hà Nội, 2006.)

16. フイン・ズン・ニャン、『ルポルタージュ、教室から紙面へ』通信出版社、2007年

(Huỳnh Dũng Nhân, *Phóng sự, từ giảng đường đến trang viết*, NXB Thông tấn, Hà Nội, 2007.)

17. ズオン・スアン・ソン、ディン・ヴァン・フオン、チャン・クアン『報道通信理論の基礎』、ハノイ国家大学出版社、2004年

(Dương Xuân Sơn, Đinh Hường, Trần Quang, *Cơ sở Lý luận báo chí truyền thông*, NXB Đại học quốc gia Hà Nội, 2004.)

18. ズオン・スアン・ソン、『芸術評論報道のスタイル』、ハノイ国家大学出版社、2004年

(Dương Xuân Sơn, *Các thể loại báo chí chính luận nghệ thuật*, NXB Đại học quốc gia Hà Nội, 2004.)

19. アンヤ・スキフリン、エイマ・ビサット、『グローバル時代の報道』、報道文化出版社、2004年

(Anya Schiffrin, Amer Bisat, *Đưa tin thời toàn cầu hóa*, NXB Văn hóa Thông tin, Hà Nội, 2004.)

20. タ・ゴック・タン、『マスコミ』、国家政治出版社、ハノイ、2001年

(Tạ Ngọc Tấn, *Truyền thông đại chúng*, NXB Chính trị quốc gia, Hà Nội, 2001.)

21. タ・ゴック・タン主編、グエン・ティエン・ハイ、『報道記事』、教育出版社、ハノイ、1997年、第一集

(Tạ Ngọc Tấn (chủ biên), Nguyễn Tiến Hài, *Tác phẩm báo chí*, NXB Giáo dục, Hà Nội, 1997, tập 1.)

22. グエン・クイ・タイン、『社会学と世論』、ハノイ国家大学出版社、2008年

(Nguyễn Quý Thanh, *Xã hội học về dư luận xã hội*, NXB Đại học Quốc gia Hà Nội, 2008.)

23. チャン・ダン・トゥアン、『社会批評 - 生活から提起される問い』、ダナン出版社、2006年

(Trần Đăng Tuấn, *Phản biện xã hội – Những câu hỏi đặt ra từ cuộc sống*, NXB Đà Nẵng, 2006.)

24. ファン・ヴァン・キエン、「2005年トゥオイチェー紙上の、ドイモイ前夜特集におけるベトナム報道の社会批評性」、ハノイ人文社会科学大学、報道通信学部卒業論文

(Phan Văn Kiền (2008), *Tính phản biện xã hội của tác phẩm báo chí Việt Nam qua loạt bài Đêm trước đổi mới trên báo Tuổi Trẻ năm 2005*. Khóa luận tốt nghiệp đại học hệ chính quy, khoa Báo chí và Truyền thông, trường Đại học Khoa học Xã hội và Nhân văn Hà Nội.)

25. ファン・ティ・フエン・チャン、「2008年末のハノイにおける歴史的大雨に関する報道についての新聞と電子版」、ハノイ人文社会科学大学、2009年

(Phân Thị Huyền Trang, *báo in và báo điện tử với việc đưa tin về trận mưa lụt lịch sử tại Hà Nội cuối năm 2008*, luận văn tốt nghiệp đại học nhanh Báo chí truền thông, trường ĐHKHXH&NV Hà Nội, (2009)

26. 言語学院、『ベトナム語辞書』、ダナン出版社・辞書学センター、2004年

(Viện Ngôn ngữ học, *Từ điển tiếng Việt*, NXB Đà Nẵng và Trung tâm Từ điển học, 2004.)

27. ティエンフォンオンライン

(Báo Tiền Phong online) (http://www.tienphong.vn)

28. トゥオイチェー紙

(Báo Tuổi Trẻ) (http://www.tuoitre.com.vn)

29. 電子版Vnexpress

Báo trực tuyến Vnexpress (http://www.vnexpress.net)

30. ウェブページ

Trang web: http://www..google.com.vn

31. ウェブページ

Trang web: http://www.vietnamjournalism.com

32. ウェブページ

Trang web: http://www.chungta.com

33. *Tia sáng* 2006年6月17日号

Tạp chí *Tia sáng số ra ngày 17/6/2006*

34. *The Journal of Glorbal Issues & Solutions* 2007年

Tạp chí *The Journal of Glorbal Issues & Solutions* năm 2007.

【著者】
ファン・ヴァン・キエン(Phan Văn Kiền)
人文社会科学大学情報・通信学科講師

【翻訳者】
伊澤　亮介(Ryosuke Izawa)
滋賀短期大学特任助教(非常勤)
大阪大学言語文化研究科博士課程後期ベトナム語専攻

ファン・ヴァン・キエン著　伊澤　亮介訳

報道と社会批評
=ドイモイ前夜・ハノイ大洪水・新幹線導入計画の事例を通して=
(シリーズ：ベトナムを知る)

発行	2017年7月
発行者	酒井　洋昌
発行所	ビスタ　ピー・エス
	〒410-2418
	静岡県伊豆市堀切1004-263
	Tel: 0558-72-6809　　Fax: 0558-72-6738
	http://www.vistaps.com
	E-mail: customer@vistaps.com

印刷：韓国学術情報㈱　　　　　　　　　　取扱：官報販売所

© 2015　Phan Van Kien/Viet Nam　　　　　無断転載禁止
Printed in Korea　ISBN978-4-907379-18-6　C 3033
落丁・乱丁はお取替えいたします

≪シリーズ：ベトナムを知る≫

ベトナムの都市化とライフスタイルの変遷
　チュオン・ミン・ズク＆レ・ヴァン・ディン著
　A5 229p　並装丁　2015年5月発行
　ISBN978-4-907379-02-05 C3036　　定価 4,630円＋税

後発者の利を活用した持続可能な発展：
　ベトナムからの視点－ホップ・ステップ・ジャンプ－
　著者　グエン・ズク・キエン(NGUYEN DUC KIEN)博士
　　　　チャン・ヴァン(TRAN VAN)博士
　　　　ミヒャエル・フォン・ハウフ(MICHAEL VON HAUFF)博士－教授、
　　　　グエン・ホン・タイ(NGUYEN HONG THAD)博士－准教授
　翻訳　チャン・ティ・ホン・キー
　A5 126頁　並装丁　2016年3月発行
　ISBN978-4-907379-10-0　C3033　　定価3,700円＋税

ベトナムアーカイブズの成立と展開：
　阮朝期・フランス植民地期・そして1945年から現在まで
　著者
　　Vu Thi Phung(ヴ・ティ・フン)（責任著者）
　　　ベトナム国家大学ハノイ校付属人文社会科学大学、アーカイブズ学・事務管理学
　　　学部　准教授、元部長、 博士、科学及び教育協会会長、
　　Nguyen Van Ham(グエン・ヴァン・ハム)
　　　ベトナム国家大学ハノイ校付属人文社会科学大学、アーカイブズ学・事務管理学
　　　学部　非常勤教師　准教授
　　Nguyen Le Nhung(グエン・レ・ニュン)
　　　ベトナム国家大学ハノイ校付属人文社会科学大学、アーカイブズ学・事務管理学
　　　学部　非常勤教師
　翻訳　伊澤　亮介　大阪大学大学院言語文化研究科
　2016年1月発行予定　ISBN 978-4-907379-08-7 C3022　　定価4,630円＋税

刊行予定　（すべて仮題　刊行時期未定）

　　ベトナム仏教と女性　全2巻

　　南部の歴史と文化

　　ベトナムの海と島々：領有権をめぐって

　　ファン・ケ：ビン著　ベトナムの風俗習慣